AF618323

SV

Band 1369 der Bibliothek Suhrkamp

tigen Tag der Macht und der Unterdrückung, um die Gültigkeit ihrer Welterklärungen zu behaupten und durchzusetzen.
Die Wissenschaften, die aus triftigen Gründen der Sprache mißtrauten, schufen ein neues System, den Apparat der Begriffe. Sie errichteten ein logisches Korsett, mit dem sie die Sprache nach wechselnden Kriterien bestimmten, um ihre Gültigkeit neu zu setzen und jedem Ding ein Zeichen eindeutig zuzuordnen.
Die Künste aber setzten neue Wirklichkeiten. Sie erfanden Sprachen und künstliche Welten, nicht um der Welt zu entgehen oder sie zu fliehen, sondern um ihrer habhaft zu werden. Diese Welten der Kunst sind bedingt und werden belebt von den verstörenden Erfahrungen mit einer unbegriffenen Welt und den unversöhnten Erinnerungen an die Bilder einer alltäglichen Wirklichkeit, deren Schönheiten und Schrecken ohne die bannende Benennung uns rat- und hilflos machen. Die erfundene Wirklichkeit der Kunst wirkt auf die tatsächliche zurück, erläutert und kommentiert sie, erklärt sie beruhigend und beunruhigend. Sie hebt die alltägliche und darum unsichtbare Wirklichkeit in unser Blickfeld. Sie erhellt (oder verdunkelt und verschönt) eine uns verwirrende Welt.
Der nichtverbale Ansatz der Künste bewirkt die schwer erklärliche Gültigkeit ihrer Bilder und Gebilde, die sie für uns weit über den Tag ihrer Entstehung hinaus besitzt. Auch nach Tausenden von Jahren berührt uns nicht allein die Schönheit der antiken Kunst, sie kann uns noch heute Erkenntnisse über unsere völlig veränderte Welt geben.
Denn auch die der Sprache verpflichtetste aller Künste, die Literatur, schafft uns ihre Bilder, ihre Erfahrung von Welt vermittels ihrer erfundenen Welten, nicht allein durch

Sprache und Rhythmus

Die erste Haltung des Menschen der Welt gegenüber war die Sprache. Er setzte die Worte als Zeichen, um sich in der Welt zurechtzufinden. Er sprach, um das, was er sah, zu erkennen und wiederzuerkennen. Die Worte seiner Sprache waren Merkzeichen in einer unbegriffenen Welt, um den Weg zu finden, zum Menschen, zu sich selbst. Er sprach, um zu sehen. Und seine Sprache war anfangs nichts anderes als artikulierter Rhythmus, dessen Laute den Worten und Sätzen vorausgingen und sie bildeten. In dieser ersten Haltung der Welt und der Sprache gegenüber besaßen die Worte und Sätze den Klang, die Farbe und erhellende Bedeutung der Poesie, war Sprache fähig, direkt die Welt zu bilden, um sie zu erschaffen, das heißt, das Gesehene wiederzuerkennen und eingreifend zu verändern.

Aber im Lauf der Jahrhunderte häuften sich diese Zeichen für Welt. Und die sie ordnende Sprache und ihre für diese Ordnung notwendige Logik blieben nicht weiter die hilfreichen Merk- und Findzeichen des Menschen.

Zwischen den Dingen und ihren Namen öffnete sich eine Kluft, der Abgrund der Zusammenhanglosigkeit. Um in der ihn verwirrenden Welt sich zurechtzufinden, hatte der Mensch eine ihn schließlich verwirrende Welt geschaffen, die Sprache.

Und der Mensch versuchte erneut, die ihn bedrängende Welt durch seine Arbeit und seine Fantasie zu ordnen und sich unterzuordnen. Über die unzureichend gewordene Sprache hinausgehend, schuf er die Dogmen, die Wissenschaften und die Künste.

Die starren Sätze seiner Dogmen bedürfen bis auf den heu-

I

Inhalt

I

II

Quellenhinweise am Schluß des Bandes

Satz: Jung Crossmedia Publishing, Lahnau
Druck: Nomos Verlagsgesellschaft, Baden-Baden
Printed in Germany
Erste Auflage
ISBN 3-518-22369-0

1 2 3 4 5 6 – 08 07 06 05 04 03

Christoph Hein

Der Ort. Das Jahrhundert

Essais

Suhrkamp Verlag

Worte. Die Literatur beschränkt sich in ihrem Gebrauch von Sprache nicht auf die Bezeichnung und Kennzeichnung, auf Zuordnung, Sinn und Bedeutung. Ihre Erfindungen (jedes künstlerische Produkt ist eine Erfindung und ist – wie jede Erfindung – ein neuer Schlüssel zu unserer Welt; das erklärt den unbefangenen Gebrauch der Kunstprodukte durch ihre Nutznießer und die befangene Hilflosigkeit ihrer unpraktischen Beurteilung, der Kritik) nutzen die ursprünglichen Grundlagen der Sprache, den Vers und den Rhythmus, den Klang der Vokale wie das natürliche Metrum des Atmens.

Sprache war ursprünglich die Malerei von Lauten, Lautmalerei. Jedes Kind erfährt Sprache erstmalig als diesen Komplex einer Aufnahme von Welt. Nicht das einzelne Wort und auch nicht die Bedeutungsinhalte der Sätze prägen und bestimmen die erste Erfahrung mit der Sprache, sondern die Magie des Lauts, die Bezauberung durch den Rhythmus. Das kindliche, ursprüngliche Verhältnis zur Sprache ist ein unbefangenes, jedoch nicht völlig freies Spiel. Der Rhythmus trägt und drängt den Spielenden in die Bedeutung und erweitert diese durch die magischen Bestandteile der Sprache.

Aus diesem Zusammenhang mit der Sprache werden wir durch unser zunehmend rationales Verhalten zur Welt verstoßen. Das Denken mißtraut der Sinnlichkeit der Sprache und reduziert sie auf den Transport von Sinn. Aus der Sprache als einer natürlichen Ausdrucksform des Menschen wurde nun ein logisch gereinigtes und verengtes Ausdrucksmittel unseres Verstandes, in dem der Rhythmus – ihr Ursprung – ausgesondert wurde. Er war für den Verstand unbrauchbar und daher überflüssig; er war überdies durch seine Nähe zum Mythos verdächtig und entzog sich der Berechenbarkeit, der eindeutig erfaßbaren Verwertung und den Kriterien rationaler Erfahrung.

Sprache jedoch ist mehr als das einzelne Wort oder als die Gesamtheit der Worte. Sie ist mehr als der Bedeutungsinhalt aller Sätze. Sprache in ihrer Totalität (also auch mit ihrem ursprünglichen und verlorengegangenen Rhythmus) ist uns allein in der Dichtung erhalten geblieben, in der durch Vers und Rhythmus gebundenen Sprache der Lyrik wie der Prosa. Diese nur hier noch vorhandene Totalität der Sprache ermöglicht den Zauber des poetischen Kunstwerks. Ihrer Magie können wir uns nur schwer entziehen, trotz unseres mißtrauischen Verstandes. Ihre Wirkungen werden uns rätselhaft bleiben, verwunderlich oder erschreckend, solange wir nicht zur Gesamtheit der Elemente der Sprache zurückfinden. Die Magie der poetischen Sprache beruht auf dem genutzten, fast vergessenen und stets vorhandenen Reichtum unserer Sprache.

Worüber man nicht reden kann, davon kann die Kunst ein Lied singen

Zu einem Satz von Anna Seghers

Wir dürfen ja nicht in der Beschreibung steckenbleiben. Denn wir schreiben ja nicht, um zu beschreiben, sondern um beschreibend zu verändern. (*Anna Seghers*, 1932)

Ein spanisches Märchen, der Prinz mit den Eselsohren. Drei gute Feen schenkten dem neugeborenen Prinzen Schönheit, Verstand und Aufrichtigkeit. Und eben die Eselsohren, damit er nicht stolz und übermütig werde. Die Hybris zu wehren. Eselsohren jedoch sind Schande, zwingen zum Verschweigen, Verstummen, zur Lüge. Man verbirgt sie, den Prinzen, die Wahrheit. Schweigen bei Strafe des Todes. Nur ein Barbier bekommt die Eselsohren zu sehen, das Vorrecht des Handwerks. Und die Qual, schweigen zu müssen, droht ihn nicht weniger zu kosten als das Verbot zu reden: Schweigen oder Reden, eins bringt ihn um den Verstand, das andere um den Kopf. Er rettet sich in die Natur und vertraut die Wahrheit dem Wald und den Feldern an. Er hat die Wahrheit gesagt und doch nicht gesprochen. Aber auch die Erde kann das drückende Geheimnis nicht für sich behalten. Die Bäume flüstern es, die Gräser zischeln es, die Winde raunen es. Und die Pfeifen, die sich die Hirten aus dem Rohr schnitzen, blasen unaufhörlich das Lied: Der Prinz hat Eselsohren. Nun ist die Wahrheit öffentlich geworden, und die Wahrheit verlangt Blutzoll, den Kopf des Barbiers. Da jedoch – es ist ein Märchen – erhebt der Prinz Einspruch. Warum soll der Barbier den Kopf verlieren? fragt er und entblößt seine Ohren, er hat nichts gesagt als die Wahrheit; ich werde auch mit Eselsohren ein guter König. Und im gleichen Moment waren seine Eselsohren verschwunden.

Genannt, gebannt, die Macht des Wortes, die Macht der endlich ausgesprochenen Wahrheit? Ein Märchen von der Kunst, über Literatur? Ich nenne das Übel, die Schuld, das Vergehen, und im gleichen Augenblick ist die Welt verändert, ist sie ohne dieses Übel, diese Schuld, dieses Vergehen. Mehr als das Gold hat das Blei die Welt verändert, sagt ein vergangenes Jahrhundert, und mehr als das Blei in der Zündpfanne das Blei im Setzkasten. Also, scheint es, kommt alles nur darauf an, die Welt zu beschreiben. Und Legenden, nicht weniger wundersam als die der Religionen, sollen die hartnäckigen Zweifler überzeugen: eine Aufführung von Beaumarchais' FIGAROS HOCHZEIT, und der Sturm auf die Bastille begann. Oder gewichtige Zitate gewichtiger Kronzeugen – wie: Einhundert Jahre russische Literatur waren die Revolution vor der Revolution – werden wie geprüfte Wahrheiten gehandelt, obgleich sie nicht mehr sind als höchst angebrachte Verbeugungen und windschiefe Metaphern.

Metaphern sind vage Aussagen mit unüberprüfbarem Wahrheitsgehalt. Wir pflegen uns in sie zu retten, wenn der Sachverhalt weniger erlaubt, als unsere Neigung und Ansicht es wünschen.

Nein, Literatur ist wohl ein Reagieren auf Geschichte, aber kein Urheber derselben. Und sie gewinnt nicht an Gewicht, wenn wir ihr falsche Gewichte anhängen. Sie kann uns unterhalten, zerstreuen, belehren und sogar bilden; sie kann erfreuen, ärgern und schockieren; sie vermittelt, und sie erzeugt Kultur; wir können fremde Erfahrungen durch Literatur fast zu den unseren und vermittels ihrer Hilfe eigene

Erfahrungen uns verständlich machen. Alle weitergehenden Bewegungen benötigen andere Bedürfnisse, grundlegendere und gründlichere, radikale also, die Liebe etwa oder den Ruhm oder den Hunger. Darüber sprechen Shakespeare und Marx, aber auch ältere Testamente, etwa das Alte. Ich nenne diese drei als Kronzeugen, da sie gewiß nicht in dem Ruf stehen, von der Macht des Wortes nichts zu wissen.

Unser Jahrhundert setzt weniger Hoffnung auf Literatur, wenn es überhaupt noch darauf setzt. Die Bücherverbrennungen sind seltener geworden, und ich fürchte, der Grund dafür liegt nicht in der gestiegenen Achtung vor dem geschriebenen Wort, sondern allein in der erkannten Harmlosigkeit, für die man nicht einmal das Feuerholz opfern will. Zudem kam man auf probatere Mittel: wer Bücherverbrennungen scheut, hat die Möglichkeit, die Manuskripte erst gar nicht drucken zu lassen oder die fertigen Bücher zu ertränken, zu ertränken in einem Büchermeer, das alles verschlingt und allein einige schillernde Blasen und etwas schmutzigen Schaum an die Oberfläche läßt. Dieses Ertränken von Büchern ist ihre nachhaltigste Vernichtung, da alle anderen Arten Aufsehen erregen und dadurch gelegentlich unerwünschte paradoxe Folgen mit sich bringen. Und sie unterscheidet sich von Bücherverbrennungen weniger, als die uns glauben machen wollen, die jene mittelalterlich wirkenden Scheiterhaufen verurteilen und die moderneren und vollständigeren Autodafés praktizieren.

Die großen Sätze über die Wirkung der Literatur kommen uns schwerer über die Lippen als den vergangenen Jahrhunderten. Mag der Bleisatz noch die Bleikugel übertroffen haben, heute, da die Bücher aus dem Computer kommen, der auch die Raketen steuern soll und das einkalkulierte Chaos, finden wir wenig Gründe, auf die friedenserhaltende, kulturbewahrende, vernunftbringende Literatur als die aussichtsreichere Kandidatin zu setzen. Literatur ist nicht militant, selbst dann, wenn sie sich derart gebärdet. Sie erreicht nur den, der sie aufnimmt, sie spricht nur zu jenem, der sie hören will. Die Botschaft der Antigone kränkte keines Kreon Ohr, denn die besaßen durch die Jahrtausende keins für sie. Um so heftiger werden von beiden Seiten die Ausnahmen ausgestellt: Die Worte erscheinen mächtiger und die Mächtigen anrührbar.

Literatur, so lehrt die Geschichte, ist nicht mächtig. Gegen Herrschaft und Unterdrückung ist sie machtlos und kann – wenn sich diese gegen sie selbst wendet – nur in allerdings vielfältigen Maskeraden oder den gleichfalls sehr verschiedenen Formen der Illegalität überleben. Sie gehört nicht zu den walursprünglichen, primären Bedürfnissen, die auch in den zivilisierten Gesellschaften nichts von ihrer beherrschenden Stellung verloren haben.

(Eine Randbemerkung zur Zivilisation: Wir verstehen darunter die Gesamtheit der durch den Fortschritt von Wissenschaft und Technik geschaffenen und stetig verbesserten materiellen und sozialen Lebensbedingungen. Da diese Verbesserungen der Lebensbedingungen zumindest in zwei Erdteilen höchst fraglich ausfielen, können wir Zivilisation nur mit dem Stand der erreichten Technik gleichsetzen. Und da die technische Entwicklung in allen Staaten der Erde am großzügigsten, rücksichtslosesten und erfolgreichsten in der militärischen Forschung und Industrie betrieben wird und selbst die kleinsten Erfindungen für den zivilen Bereich, etwa den Haushalt, sich nur zu oft als Nebenprodukte der Kriegsforschung erweisen, können wir als genauere Definition formulieren: Zivilisation ist der jeweils erreichte Stand der Waffentechnik samt ihrer zivilen Abfallprodukte und den sich daraus ergebenden materiellen und sozialen Lebensbedingungen der staatsabhängigen Bürger. Soviel zum Zauberwort Zivilisation.)

Literatur hat das Fortschreiten der Menschheit nicht bewirkt. Wo sie ihren Beitrag dazu leistete, hat sie auch ihren Anteil am menschenfeindlichen Fortschritt und der Barbarei. Wenn nach den Kriegen große und bewegende Bücher gegen diese Art des Genozids erschienen, so soll nicht vergessen sein, daß zuvor eine Literatur geschrieben wurde, welche diesem Massenmord Vorschub leistete und ihn begrüßte. Auch die Literatur hat ihren Januskopf.

Sie ist nicht mächtig, die Literatur, sagte ich, sie ist machtlos. Ich vermied zu sagen, sie sei ohnmächtig. Denn wenn ich auch nicht die Euphorie vergangener Jahrhunderte bezüglich ihrer Wirkungen zu teilen vermag, zu behaupten, sie sei ohnmächtig, widerspricht meinen Erfahrungen, den geschichtlichen und persönlichen wie den privaten.

Ich habe jetzt eine Erfahrung zu nennen, die auf den Begriff zu bringen mir schwerfällt. Sie führt zu so komplexen Bereichen wie Literatur und Herrschaft, Sprache und Realität, Poesie und stattfindende Geschichte. Ich will versuchen, diese Erfahrung mit einfachen Worten zu beschreiben, in der Hoffnung, sie auf diese Art zu begreifen, zu erfassen. Anders gesagt: das Wahrgenommene auch aufzunehmen.

Ich bemerkte, daß in der Jetztzeit, also der stattfindenden Geschichte, wie in der Vergangenheit nicht notwendig das Ereignis, der Fakt, das Geschehen selbst als schön oder schrecklich, gut oder schlecht, schädlich oder hilfreich empfunden und bewertet wurde, sondern vielmehr der Bericht darüber. Eine mögliche, vorschnelle Erklärung wäre: Durch diesen Bericht wurde das zu Berichtende öffentlich und konnte daher erst mit dem Erscheinen des Berichts wahrgenommen werden. Meine Erfahrung kann sich damit nicht zufriedengeben, da ich in meiner Gegenwart wie in meiner Vergangenheit – also den mir bekannten Gesellschaften und Kulturen, denen ich verbunden und verpflichtet bin – bemerken mußte, daß wiederholt nicht das berichtete Ereignis, der genannte Zustand es war, sondern der Bericht selbst, die Chronik, die Beschreibung, die zu Aufsehen, zu Erregung, zu Maßnahmen führte. Daß also nicht die Lage unserer schönen und schrecklichen Welt zum Ereignis wurde, sondern der Lagebericht. Mehr noch: Die Lage, der Zustand, das Geschehen konnte allgemein bekannt sein und scheinbar hingenommen werden, das Benennen jedoch, die einfache, literarische oder nichtliterarische Beschreibung, bei der nichts hinzukam, was zuvor unbekannt war, führte zu einem Aufschrei der Freude oder des Schreckens und zu eingreifenden Maßnahmen.

Ich will dafür ein Beispiel nennen: Eine Ehe, über Jahre und Jahrzehnte mehr schlecht als recht geführt, wird urplötzlich aufgelöst. Ihr lange hingenommener Zustand wird eines Tages in Worte gefaßt, und dies reicht aus, um sie zu beenden. Das Benennen eines bekannten Verhältnisses führt zu seiner Auflösung. Eine Wirkung der Beschreibung, nicht der Realität. Die Realität allein blieb folgenlos, aber sie war unbeschreiblich und endete also in dem Moment, wo sie – von einem der Ehepartner, von dem berühmten guten Freund oder auf der berüchtigten Couch des Psychiaters – beschrieben wurde. Das Unbeschreibliche hätte – unbeschrieben – Bestand gehabt.

Oder, weniger privat: Ein Krieg, ein Kriegsgeschehen, ein kriegerisches Massaker, weltweit bekannt und scheinbar hingenommen, wird durch eine Beschreibung so unerträglich, daß nicht allein mehr nur die darin verwickelten Staaten und Menschen betroffen sind. Und obwohl alles allen zuvor bekannt war, löst erst die Beschreibung des Schrekkens eine Reaktion aus. Für diesen Vorgang kann jeder von uns die Daten eines konkreten Beispiels einsetzen. Gewöhnlich nutzen wir dabei den Splitter im Auge des anderen, da der Balken im eigenen erst gesehen wird, wenn er beschrieben ist.

Ich nenne dafür ein Beispiel aus der jüngeren Geschichte: Die im Ausland über Nazideutschland bekannt gewordenen Tatsachen trugen wenig oder nichts dazu bei, die deutschen Juden aus ihrer heimatlichen Mördergrube zu retten. Von vielen Ländern wurden die Juden zurückgewiesen, sie blieben unerwünscht. Das Tagebuch eines Kindes namens Anne Frank bewirkte weltweit ein Betroffensein, das – sehr spät, zu spät – zu veränderten Haltungen führte, wenn schon nicht bei den Staaten, so doch bei vielen ihrer Bürger.

Literatur ist machtlos, aber sie ist nicht ohnmächtig. Ich gestehe, daß ich mir leichter erklären kann, warum sie machtlos ist. Sie kann und will nicht unterdrücken und zwingen. Sie besitzt keinerlei Mittel, andere Menschen zu nötigen, sei es durch Waffen und Gewalt oder durch verheißene Karrieren und Geld. Sie kann jederzeit übergangen und nicht wahrgenommen werden, sie ist vielfältig abhängig von nichtliterarischen Interessen der wahrhaft Mächtigen, der Regierungen, der Wirtschaft sowie ihrer Presse. Und trotz alledem besitzt sie eine unüberhörbare Stimme, die uns auch dann zu erreichen vermag, wenn sie nicht heiter und unterhaltsam ist, sondern von einer schrecklichen, erschreckenden Schönheit, die in uns etwas zu bewirken vermag, für die gelegentlich sogar ein Kreon ein Ohr haben muß.

Zum Selbsterhaltungstrieb des Menschen, einer bewußt-

unbewußten natürlichen Regung, die ihm hilft, die tödliche Gefahr zu vermeiden, zu umgehen, sich gegen sie zu wehren, gehört auch die Fähigkeit, die unerträgliche Wahrheit nicht wahrzuhaben, die Augen vor ihr zu verschließen. Unsere Welt, unser Jahrhundert ist uns unerträglich geworden; wir nehmen sie nur in dem uns erträglichen Maße wahr, wissend, daß das volle Maß einen jeden von uns unfähig machen würde, in dieser Welt weiterzuleben, das heißt, weiter zu hoffen und zu arbeiten. Wir wissen von einem Kontinent hungernder Kinder, von politischem Mord und Terror, von einer Kriegsvorbereitung, die die Grenzen menschlicher Vernunft überschritt und sich seit Hiroshima scheinbar nach der von Menschen unbeeinflußbaren Logistik von Alpträumen potenziert. Wäre die Welt beständig vor unserem Auge, wir wären nicht fähig, ein Gedicht zu lesen oder auch nur gelassen einen Kaffee zu trinken. Der Selbsterhaltungstrieb bewahrt uns davor, diese Welt wirklich aushalten zu müssen, indem er unsere Sinne mit einem dicken Fell versieht. Eine nützliche zweite Haut, die uns vor dem schützt, was uns zu diesem Leben unfähig machen würde, und ein gefährliches Fell, denn es erlaubt uns, Unerträglichkeiten zu ertragen und damit das Leben insgesamt zu gefährden.
Durch dieses nützliche und gefährliche dicke Fell, das von keiner Schreckensmeldung mehr wirklich durchdrungen wird, welches die uns täglich attackierenden Nachrichten der Agenturen so sehr besänftigt, daß sie uns gerade noch zu einer Geste des Unmuts bewegen, zu einem Kopfschütteln über so viel weltweiten Irrsinn, durch dieses dicke Fell, das uns lebensfähig macht und zugleich für uns lebensgefährlich ist, dringt allenfalls ein Ereignis, das uns so unmittelbar und direkt bedrängt, daß dieser Selbstschutz nicht ausreicht, um uns heraushalten zu können: die Gefährdung des eigenen

Kindes und des eigenen Lebens etwa. Diese Harthörigkeit unserer Rasse bedingt, daß nur das persönliche Erleben des Krieges massenhaft zu einem aktiven Kampf gegen den Krieg führt.

Und die gleiche Harthörigkeit läßt die persönlichen Erlebnisse so rasch verblassen, daß auch sie keine weitreichenden Folgen haben. Ich erinnere an eine nach dem Zweiten Weltkrieg weltweit verbreitete Haltung, die in dem Satz kulminierte, daß jede Hand, die nach dem Gewehr greift, verdorren soll. Bereits ein Jahrzehnt später waren die eigenen Erfahrungen im Völkermord, die persönlichen Opfer vergessen. Die Waffenindustrie erblühte und brachte es bis heute zu einem bisher unbekannten und ungebremsten Wachstum. Und in jenen Ländern, in denen die Rüstung ein Geschäft ist, das vom Verkauf und Verbrauch seiner Waren lebt, verdorrten die Hände nicht, die ihre Finger darin haben, sondern wurden vergoldet.

Zu den vielfältigen Definitionen des Menschen will ich noch eine hinzufügen: das Tier mit dem dicksten Fell.

Dies mag auch die Machtlosigkeit von Literatur erklären helfen. Und dennoch wird dieses Fell des Schutzes, der Abwehr, des Desinteresses, des Hinnehmens und Duldens gelegentlich von eben dieser leisen Stimme durchbrochen, gelingt es der Literatur und den anderen Künsten, auf die Nerven des Verstandes wie des Gefühls zu treffen. Sie bewirken dann kleine, nicht zu überschätzende, jedoch nachhaltige Bewegungen und Reaktionen. So geringfügig diese Wirkungen auch immer sind, sie werden – wenn wir von den anderen Künsten absehen – von Worten veranlaßt.

Eine Erklärung, warum der Lagebericht schrecklicher und aktivierender wirkt als lediglich die bestehende, unreflektierte Lage, finden wir in der bekannten Kritik der Hegelschen Rechtsphilosophie von Marx. Dort heißt es: »Man muß den wirklichen Druck noch drückender machen, indem man ihm das Bewußtsein des Drucks hinzufügt, die Schmach noch schmachvoller, indem man sie publiziert... man muß diese versteinerten Verhältnisse dadurch zum Tanzen zwingen, daß man ihnen ihre eigene Melodie vorsingt! Man muß das Volk vor sich selbst erschrecken lehren, um ihm Courage zu machen.«

Das Bewußtsein des Drucks vermehrt den Druck, sagt Marx. Nach meinen Erfahrungen gilt das Bewußtmachen des Drucks sogar als unerträglicher als der eigentliche Druck selbst.

Die Geschichte kennt Beispiele dieses bewußtgemachten Drucks. Sie belehrt uns auch über das Schicksal jener, die den versteinerten Verhältnissen die eigene Melodie aufspielten. Unsere Erfahrungen bestätigen diese Macht des Wortes.

Dennoch gilt es, eine Einschränkung zu machen. Marx vindiziert die genannte Aufgabe und Wirkung der Sprache der Kritik. Und Kritik ist ein Moment der Kunst, jedoch nicht ihr einziger. Literatur kann unter sehr verschiedenen Aspekten betrachtet werden. Sie ist unter anderem moralisch und aufklärerisch, sie ist Spiel und Spiegel, philosophisch und pädagogisch etc. Und sie ist auch Kritik. Verkürzen wir jedoch Literatur auf einen ihrer Momente, so erhalten wir einen Text mit einer möglicherweise guten, verdienstvollen Absicht, aber keine Literatur. Literatur ist umfänglicher, und was für die Kritik gilt, gilt für sie nur eingeschränkt. Wir könnten jetzt literarische Werke nennen, die eindeutig Literatur sind und große Literatur und die nichts von dem Bewußtmachen des Drucks wissen.

Sprache transportiert Literatur, Sprache ist selbst Material der Literatur, sie ist Literatur. Die Sprache der Literatur hat keine anderen Worte zu ihrer Verfügung als jede andere Sprache auch, also die Sprache der Presse, der Werbung, der Politik. Sie hat mit tausendfach benutzten, abgegriffenen und mißbrauchten Worten zu arbeiten, denen Sinn und Bedeutung und jede Schönheit längst abhanden gekommen sind; sie muß sie wieder beleben, wenn sie selbst existieren will.

Die Sprache der Literatur steht als Thema, wenn wir ergründen wollen, warum Literatur nicht ohnmächtig ist. Aber dieses Thema ist uns nicht hilfreich, denn es führt direkt zur Poesie, zum Poetischen, also zu ähnlich schwer zu begreifenden und zu erfassenden Phänomenen. Wir geraten von einem Geheimnis ins andere.

Sprache erschließt uns die Welt. Sie nutzt die gegebene, sich anbietende Gliederung der Welt und gibt ihr eine sprachliche, das heißt eine menschliche, eine für den Menschen brauchbare, von ihm zu nutzende Gliederung. Diese an Sprache gebundene Gliederung erlaubt es uns, zu erkennen und wiederzuerkennen. Sie erlaubt uns sogar, das nie Gesehene wiederzuerkennen vermittels der sprachlichen Gliederung, die nicht allein das Einzelne und Besondere kennzeichnet, sondern auch Gruppen, Mengen, Gattungen. Das Fremde ist uns dadurch nicht völlig fremd. Wir haben von ihm einen sprachlichen Begriff, der uns einen Zugang verschafft. Die Sprache und das von ihr gebildete und geschulte Denken erlaubt uns ein tatsächliches Déjà-vu, da sie für uns eine Gliederung unserer gesamten Welt bereithalten und uns mit einem ersten Erkennen vor dem ersten Sehen befähigen. Ich sagte einschränkend: bereithalten, denn der für uns brauchbare Nutzen ist abhängig von der von uns gebrauchten Sprache. Ich erinnere an Humboldts Satz, daß die

Verschiedenheit der Sprache eine Verschiedenheit der Weltansichten selbst sei. Eine eingeschränkte, reduzierte Sprache erlaubt kein weites Blickfeld.
Wie die Sprache erschließt uns auch die Literatur die Welt. Jedoch nutzt sie weniger die angebotenen Gliederungen, sondern schafft und erfindet poetische Welten, die von der wirklichen angeregt und bedingt sind, jedoch nicht direkt mit ihr übereinstimmen. Anders als die Wissenschaften, die – der Sprache vergleichbar – die vorhandene Gliederung der Welt aufnehmen und ein Netz von ihr entsprechenden, verifizierbaren Aussagen schaffen, um so eine theoretische, begriffliche Aneignung der Welt zu ermöglichen, sind die poetischen Welten nicht kongruent mit der Wirklichkeit. Sie sind einseitig, extrem subjektiv; voller Widersprüche in sich, höchst unvollständig, mit einem Wort: Fantastereien. Und doch geben sie uns einen Schlüssel zur Welt, sogar zu Bereichen, bei denen andere Weltsichten – die wissenschaftliche etwa – noch versagen, noch nicht in der Lage sind, sie mit Aussagen zu erfassen.
Die fantastischen Welten von Cervantes' DON QUICHOTE, von Kafka und García Márquez vermögen uns unsere alltägliche, schwer oder nicht durchschaubare Welt zu erschließen. Kunst und Literatur arbeiten in ungesichertem Gelände und versuchen seismografisch das neue Land zu erkunden. Ihr Handwerkszeug, die Sprache und die Fantasie, sind uneingrenzbar und jeweils erst nach dem Werk, post festum, zu benennen. Das ganze Verfahren ist erkenntnistheoretisch äußerst fragwürdig, und gegen Platons Satz, die Dichter seien Lügner, ist wissenschaftslogisch nichts einzuwenden.

Die Werke von Cervantes, Kafka, García Márquez sind aussagelogisch nicht verifizierbar oder gar unwahr.
Dagegen aber steht eine Menschheitserfahrung, die, bei aller Wertschätzung von Theorie und Wissenschaft, nicht auf die fantastische, künstlerische Weltaneignung verzichten will, sie lebensnotwendig macht. Sie ordnet der Literatur einen anderen Wahrheitswert, eine andere Gültigkeit zu.
Unstrittig bewegt sich die Literatur (wie die Kunst überhaupt) in anderen Bereichen als die Wissenschaft. Beide schließen einander aus. Die fortschreitende Wissenschaft verdrängt die Kunst; die Kunst überläßt alles, was mit beweisbaren Aussagen gefaßt werden kann, der Wissenschaft. Von der Antike bis zur Gegenwart eroberte sich die Wissenschaft ständig neue Gegenstände für ihre Arbeit, die von der Kunst im gleichen Maße aufgegeben wurden. Physik, Chemie, Biologie waren – unter anderem Namen – in einem vorwissenschaftlichen Zeitalter Themen der Kunst und der ihr verwandten Magie, der Vorläuferin der Wissenschaft. Mit fortschreitenden Erkenntnissen wurden sie zu wissenschaftlichen Disziplinen, zu ausschließlich wissenschaftlichen Disziplinen.
Das ungelöste Rätsel ist, so schlußfolgern wir daher, Sache der Kunst; das gelöste oder doch lösbar gewordene Rätsel ein wissenschaftlicher Forschungsbereich. Wovon man nicht sprechen kann, darüber muß man schweigen, weiß die Wissenschaft bekanntlich seit Jahrtausenden von ihrer eigenen Arbeit. Meine Erfahrung mit Literatur sagt: Worüber man (noch) nicht reden kann, davon kann die Kunst ein Lied singen.
Heute, da die Wissenschaften allgegenwärtig sind, verbleiben uns nur noch sehr wenige ungelöste Rätsel als Objekt und Feld der Kunst. Die einzigen Bereiche, in denen nach

meiner Ansicht die Wissenschaften nicht oder nur zu höchst unvollkommenen Erkenntnissen kamen und die somit als terra incognita, als unbekanntes, mythisches, widersprüchliches Land, der Kunst verblieben, sind der Mensch und die menschliche Gemeinschaft. Hier kann die Literatur mit den merkwürdigen Sonden der Fantasie und den Seismografen der Sprache forschen, erkunden, entdecken. Denn stets handelt es sich in der Literatur um Entdeckungen, um das Sehen von bisher Ungesehenem, um das Beschreiben des Ungenannten. Alles andere ist Makulatur.

Schreiben heißt also für mich: die von anderen menschlichen Erkenntnismöglichkeiten nicht beschreibbaren Zustände und Vorgänge zu erfassen und zu benennen, sie sine ira et studio zu verzeichnen. Schreiben, um zu beschreiben, beschreiben, um weiterarbeiten zu können, um hoffen zu können. Auch um auf Änderungen, Veränderungen hoffen zu können. Denn alles Bestehende hat Wert, wenn es änderbar ist. Das Benennen, das Schreiben ist noch nicht der verändernde Zugriff auf die Welt, aber es ist die erste Voraussetzung aller Veränderungen.

Der Apfelwein der Madame de Guermantes

Betrachtungen über Poetik-Vorlesungen

Madame de Guermantes neigte, wie Marcel Proust bemerkt, »zu einer Art von Konversation, die alle großen Worte und Bekundungen erhabener Gefühle ablehnt, und entfaltete gerade eine besondere Eleganz darin, in Anwesenheit eines Dichters oder Musikers nur von den Gerichten zu sprechen, die aufgetragen wurden, oder von dem Kartenspiel, das gleich folgen sollte. Diese Enthaltung hatte für einen Dritten, der über diese ihm unbekannte Gewohnheit nicht nachdachte, etwas Verwirrendes, dem ein Geheimnis zugrunde zu liegen schien. Wenn Madame de Guermantes ihn fragte, ob er gern mit diesem oder jenem berühmten Dichter zusammen eingeladen sein würde, so erschien er von Neugier verzehrt pünktlich auf die Minute. Die Herzogin sprach mit dem Dichter über das Wetter. Dann wurde zu Tisch gegangen. ›Mögen Sie Eier gern auf diese Art?‹ fragte sie ihn nun. Angesichts der Billigung, auf die das Gericht bei ihm stieß – wie übrigens auch bei ihr, denn sie fand alles ausgezeichnet, was es bei ihr gab, sogar den abscheulichen Apfelwein, den sie aus Guermantes kommen ließ – bedeutete sie dem Diener: ›Noch einmal Eier für Monsieur‹, während jener Dritte ängstlich aufpaßte, daß ihm nur nicht entginge, was die beiden eigentlich sich zu sagen hätten, da ja der Dichter und die Herzogin trotz unerhörter Schwierigkeiten möglich gemacht hatten, sich vor ihrer Abreise noch einmal zu sehen. Doch die Mahlzeit nahm ihren Fortgang, die Speisen wurden nacheinander gebracht und abgetragen, nicht ohne Madame de Guermantes Gelegenheit zu geistreichen Scherzen oder amüsanten Geschichten zu geben. Der Dichter aß unausgesetzt, ohne daß Herzog und Herzogin daran zu denken schienen, daß er ein Dichter sei. Bald ging das Dejeuner zu Ende, man verabschiedete sich, und nicht ein Wort war über die Dichtkunst gefallen, die sie alle doch liebten, von der aber infolge einer Zurückhaltung ganz im Geist derjenigen, von der mir Swann einen Vorgeschmack gegeben hatte, keine der Anwesenden sprach. Diese Zurückhaltung war ganz einfach guter Ton.«

Soweit Proust. Und soweit und damit ist alles gesagt, was ohne Magendrücken in einer Vorlesung zur Poetik gesagt werden kann, jedenfalls meinerseits.

Und wenn ich dennoch nicht umgehend dieses Pult hier verlasse, so ist dies lediglich eine Geste der Höflichkeit Ihnen gegenüber: Sie haben einen Anspruch darauf, von mir unterhalten zu werden, und ich fürchte, Sie bestehen darauf, auch wenn ich nichts weiter zu sagen habe. Denn alles, was ich noch anmerken kann, sind Folgerungen aus dem bereits Gesagten, sind Interpretationen des zitierten Textes, ist nur ein Paralipomenon.

Zu vermelden ist zuerst nicht allein der Tod von Madame de Guermantes: sie ist nicht nur gestorben, sie ist ausgestorben, was ich persönlich äußerst bedauere. Der Dichter bekommt nun nicht mehr unausgesetzt etwas zu essen. Was man nunmehr von ihm erfahren möchte, ist nicht seine Meinung über den abscheulichen Apfelwein, er soll über die Arbeit reden, über seine Arbeit, über den Arbeitsprozeß, über seine Pläne. Der abscheuliche Apfelwein wurde von etwas viel Abscheulicherem verdrängt; statt sauren Wein zu schlucken, muß er nun über seine Poetik sprechen. Die Magenschmerzen ließen bei ihm nach, aber nur um den Herzschmerzen Platz zu machen.

Einige Jahrhunderte haben Neuerungen in die Literatur

eingebracht, den Roman beispielsweise oder die short story oder das Stalinepos. Das ausgehende 20. Jahrhundert hat als literarisches Genre die Poetik-Vorlesung erfunden. Kein zivilisiertes Land auf dieser Erde verzichtet darauf, die Schriftsteller bei der Arbeit zu stören. Die Autoren sollen nicht schreiben, sie werden statt dessen genötigt, Vorlesungen über das Schreiben zu halten.

Vermutlich ist dieses neue literarische Genre das Ergebnis einer Kreuzung von Buch und Fernsehen. Poetik-Vorlesungen haben immer etwas von der Beliebigkeit und der Gedächtnislosigkeit der Talk-Shows. Man redet, um nicht zuhören zu müssen, und man hört ihnen zu, um sie nicht lesen zu müssen. Der Autor redet über seine Poetik, weil diese für einen Roman zur Zeit nichts hergibt, und der geschätzte Zuhörer hofft, daß ihm der im Kunstwerk verborgene Sinn endlich – und zwar verkürzt und direkt – serviert wird. Und beide, der Zuhörer wie der Autor, ahnen die Vergeblichkeit dieser Mühen.

Poetik-Vorlesungen beginnen weltweit mit der Koketterie, daß der Autor unter dem verständnisvollen Lächeln seiner Zuhörer gesteht, er habe eigentlich gar keine Poetik. Das klingt sowohl bescheiden wie souverän und ist zudem eine Eröffnung, die nichts sagt und somit alles offenläßt.

Allerdings ist diese Eröffnung regelwidrig, denn sie ist falsch. Eine Poetik hat jeder Mensch, der ein paar Sinne besitzt, jeder sinnliche Mensch besitzt auch einen Sinn für Ästhetik, hat eine Haltung der Kunst gegenüber, ob er darum weiß oder nicht, jeder Mensch, der auch nur einmal in seinem Leben über ein Buch oder einen einzigen literarischen Satz gesagt hat »Das gefällt mir« oder »Das gefällt mir nicht«, hat damit offenbart, daß er eine Poetik besitzt, also ein Urteil über und eine Haltung zur Literatur. Diese rudimentäre Poetik und Ästhetik ist selbst den Zeitungen nicht abzusprechen: es mag wahrhaft peinlich und peinigend sein, was gelegentlich dort zu lesen ist, wir müssen aber soviel Toleranz und Objektivität aufbringen, um diese Peinlichkeiten als Ästhetik und Poetik einer Tageszeitung zu akzeptieren.

Aus alldem folgt, daß ein Autor gleichfalls eine Poetik besitzen muß. Allerdings gibt es einen entscheidenden Unterschied zwischen ihm und seinen Lesern: seine Poetik wechselt häufiger und schneller.

Die Poetik eines Schriftstellers ist keine Absichtserklärung, kein programmatischer Entwurf einer neuen, noch zu leistenden Arbeit. Eine Poetik ist das Resultat einer Arbeit, ein Arbeitsprodukt. Die nächste Arbeit, wenn sie anders ist als die vorhergehende, zerstört folglich die eben gebildete und möglicherweise in einer Poetik-Vorlesung verkündete Poetik. Eine unveränderliche Haltung zu Literatur kann nur der Autor vorweisen, der sich und seine Arbeit nicht verändert.

Wenn ich mich auf Ihren Wunsch, hier meine Poetik vorzutragen, tatsächlich einlassen würde, so könnte ich Ihnen nur einige Theoreme verkünden, die meine letzte und längst abgeschlossene Arbeit betreffen. Aber diese Kunsttheorie ist eben dabei, wie ein Regenbogen dahinzuschwinden, da ich natürlich an einer neuen Arbeit sitze, an einer auch für mich neuen und anderen Arbeit, die meine bisher genutzte Ästhetik auslöscht oder doch gravierend korrigiert.

Und in dem Maß, wie diese meine alte Ästhetik korrigiert, verworfen, erneuert wird, wird der Wert der neuen Arbeit gemessen. Es ist das Maß, mit dessen Hilfe zu sehen ist, wieweit die neue Arbeit tatsächlich neu ist oder ob sie doch nur eine Wiederholung ist, von überkommenen Mustern ge-

prägt und alte Erfahrungen nutzend, statt sich neuen Erfahrungen auszusetzen. Und das überkommene Muster, die alte Ästhetik, ist im Handwerk von unschätzbarem Wert, in den Künsten jedoch lediglich der gerade Weg in den Erfolg und die Makulatur.
Die Poetik, die Ihnen ein Schriftsteller erläutert, ist folglich nicht seine, sie war seine. Sie ist das Ergebnis eines mehr oder weniger theoretischen Aufarbeitens einer künstlerischen Haltung, die zu einem künstlerischen Produkt führte, aber auch mit diesem Produkt sich erledigt hat. Alles, worüber der Autor redet, worüber er reden kann, ist in dem Moment bereits Vergangenheit. Die verkündete Theorie ist nichts anderes als eine in Thesen über Literatur formulierte Erinnerung an eine Arbeit. Die neue Arbeit, an der er hoffentlich sitzt, erlaubt den theoretischen Exkurs noch nicht. Die neue Arbeit nämlich macht ihn sprachlos. Alles, was er von ihr und über sie weiß, steht auf dem Blatt Papier, das vor ihm liegt – und das ist noch leer. Jungfräulich nennt man ein solches weißes Blatt Papier wohl, aber so fürchterlich, wie ein weißes Blatt Papier auf einen Autor wirkt, können Jungfrauen gar nicht sein.
Sprachlos, sagte ich, und ich versichere Ihnen, jeder Autor ist zu Beginn einer Arbeit tatsächlich mit Sprachlosigkeit geschlagen. Der Anblick seines Bücherregals mit den Arbeiten geschätzter Kollegen aus Vergangenheit und Gegenwart verstärkt seine Schwierigkeit. Eigene, frühere Arbeiten, deren Anwesenheit er in der Form von Belegexemplaren seines Verlages in seiner Wohnung dulden muß oder die für ihn zum Hausaltar geworden sind, vermögen es nicht, ihm über die Schreibschwäche hinwegzuhelfen. Verwundert sieht er die früheren Arbeitsprodukte, und ihm ist unerklärlich, wie sie entstanden. Mit dem gleichen Recht und Zynismus, mit

dem im vorigen Jahrhundert Ärzte ihren Studenten den wahnsinnig gewordenen Nietzsche vorführten, könnten die Psychiater heute Autoren, die eben eine neue Arbeit beginnen, im Hörsaal vorführen als Beispiele ausgeprägter und scheinbar unheilbarer Legasthenie, also der Schwäche oder Unfähigkeit, Wörter zu schreiben und einen sinnvollen, zusammenhängenden Satz zu Papier zu bringen.

Erwarten Sie also von diesem geplagten und schreibunfähig gewordenen Autor nicht auch noch, daß er sich in allgemeinverständlicher Rede über etwas äußert, das ihn ins sprachlose Entsetzen trieb. Jeder Autist kann Sie kurzweiliger unterhalten als ein Autor, der sich verzweifelt bemüht, auf ein weißes Blatt Papier auch nur einen Buchstaben zu kritzeln.

Und wenn ein Autor dann doch für ein Autorenreferat, für eine Poetik-Vorlesung zu gewinnen ist und dann durchaus nicht den Eindruck eines Legasthenikers macht, so dürfen wir völlig zu Recht daraus schließen, der Autor redet nicht von einer Poetik, mit der er beschäftigt ist, die ihn beschäftigt und sprachlos macht, der Autor spricht vielmehr über etwas, was er längst ad acta gelegt hat. Wenn die Sätze über eine poetische Konfession formulierbar sind, ist der, der sie vorbringt, längst zum Dissidenten seiner eigenen Theorie geworden, zum Renegaten seiner soeben geäußerten Glaubenssätze. Er konvertierte, ohne sagen zu können oder bereits genau zu wissen, wo er geht und wohin er läuft. Das neue Terrain kann er noch nicht benennen, es ist für ihn unbekanntes Land.

Wichtig ist allein, wohin er geht und was er dort und wie er es machen wird. Hat er das unbekannte Land durchschritten und sich mit ihm vertraut gemacht, kann er uns in seinem neuen Text davon berichten.

Er kann sogar darüber theoretisieren, zum Beispiel in einer Poetik-Vorlesung. Diese ist dann die öffentlich vorgetragene Erinnerung an eine frühere Ästhetik. Hier wird der anderweitig nicht verwertbare Rest, der für ihn künstlerisch banal ist und wertvoll allenfalls für sein historisches Archiv, einem interessierten oder auch uninteressierten Publikum vorgestellt.

Wenn wir den Autor bitten oder sogar nötigen, uns diese Erinnerungen vorzutragen, sollten wir nicht vergessen, daß wir damit auch Arbeit, künstlerische Arbeit verhindern. Wir kehren eine Goethesche Maxime barbarisch um, da wir ihn auffordern: »Rede, Künstler, bilde nicht.«

Aber er muß reden, alle Welt bittet ihn darum. Er hat nicht mehr unausgesetzt zu essen, wie noch bei Madame de Guermantes – wollen wir ihr ein liebevolles Gedenken bewahren –, nun soll er unausgesetzt reden. Nun heißt es nicht mehr »Noch einmal Eier für Monsieur!«, nun bekommt er nicht mehr Apfelwein, nun bekommt Monsieur lediglich das Wort.

Und was er uns dann sagt, können wir – etwas arg pathetisch und hochtrabend – als seine Poetik bezeichnen, genauer: seine frühere Poetik, eine Ästhetik also, die er abgearbeitet, überwunden und bereits verlassen hat. Die Poetik-Vorlesung kann keine aktuelle Stunde werden, bestenfalls ein historischer Bericht, denn was der Autor Ihnen sagen kann, interessiert ihn selbst bereits nicht mehr.

Aber kann eine nachgetragene Poetik für uns von Interesse oder Nutzen sein?

Ich denke, wir werden jetzt alle heftig nicken und sagen, eine solche Poetik – eine späte, verspätete Poetik – liefert uns Erhellendes über das gemeinsam mit dieser Poetik entstandene Buch, verrät uns, was in der Kunstform spröde verborgen ist oder sogar bleibt, benennt uns klarer den Sinn und die Form des Werkes, als es die poetische, interpretierbare Sprache des literarischen Textes kann und darf. Klartext statt Poesie also. Das ist dann für Seminararbeiten brauchbar, hilfreich beim Erwerb eines wissenschaftlichen Titels. Statt der alten Formulierung »Damit will der Dichter uns sagen« können wir nun schreiben: »Der Dichter selbst sagt«.

Dagegen steht jedoch, wie wir wissen, einiges. Vor allem jener Pudding, der sich erst beim Essen erweist. Absichtserklärungen stellen nicht zufrieden, ein Kochrezept sättigt nicht und sagt uns nichts über die Qualität des Essens. Und wenn ein Autor Ihnen mitteilen würde, seine Ästhetik sei bis aufs i-Tüpfelchen identisch mit der von Shakespeare oder Goethe, ich denke, Sie würden doch zuvor noch einen Blick in seine Romane und Stücke werfen, bevor Sie ihn zum Shakespeare und Goethe unserer Zeit ausrufen.

Die Poetik ist ein Kommentar des Werkes, der nichts erklären kann und der uns, wo der literarische Text sich als schwer zugänglich erweist oder sich uns gar verweigert, keinen Zugang erschließt. Und wo wir mittels des Autorkommentars doch eine Tür zu sehen meinen, werden wir die Erfahrung machen müssen, daß uns diese Tür nicht zu dem kommentierten Text führt, im Gegenteil, sie führt uns in eine Metaebene, in unsinnliche, theoretische Räume, die vom Ziel unserer Bemühungen weit entfernt liegen.

Der poetische Kommentar hat allein einen Wert für den Autor. Er dient zur Selbstverständigung, da der Kommentar den Autor nötigt, sich seiner gegenwärtigen und eben noch gültigen Poetik bewußter zu werden. Diese Verständigung über die Poetik wird ihm helfen, sie zu überschreiten und nach neuen Ufern Ausschau zu halten, nach einer neuen

Poetik, die dem neuen Gegenstand, inhaltlich wie formal, angemessen ist und ihn zu transportieren und transparent zu machen vermag.
Sie dient ihm als Hilfs- und Arbeitsmittel, sie ist für ihn ein Spiegel, den er benötigt, wenn er sich rasieren will. Ohne diesen Rasierspiegel drohen ihm schlimme, blutige Schnitte ins eigene Fleisch oder eine – vor allem für andere sichtbare – schlecht ausgeführte Rasur. Er benötigt dringend den Spiegel, sollte aber vermeiden, sich über Gebühr und Notwendigkeit vor ihm aufzuhalten und hineinzustarren. Zurückhaltung ist angebracht, wenn er sich nicht lächerlich machen will. Jene Zurückhaltung, von der Proust in seiner eingangs zitierten Poetik-Vorlesung sprach und die er ganz einfach den »guten Ton« nannte.
Alles, was ich sagte, war nur ein Kommentar der Proustschen Bemerkungen zur Poetik. Mehr, denke ich, ist nicht zu sagen, nicht von mir. Proust schon hatte sich knapp gefaßt. Noch kürzer war dereinst die Poetik-Vorlesung meines geschätzten Kollegen Kleist. Er gab ihr den Titel »Betrachtungen über den Weltlauf«. Ich erlaube mir, zum Abschluß sein allumfassendes Wort, es sind nur zwei Sätze, zu diesem Thema zu zitieren:
»Es gibt Leute, die sich die Epochen, in welchen die Bildung einer Nation fortschreitet, in einer gar wunderlichen Ordnung vorstellen. Sie bilden sich ein, daß ein Volk zuerst in tierischer *Roheit* und *Wildheit* darniederläge; daß man nach Verlauf einiger Zeit das Bedürfnis einer Sittenverbesserung empfinden, und somit die *Wissenschaft von der Tugend* aufstellen müsse; daß man, um den Lehren derselben Eingang zu verschaffen, daran denken würde, sie in schönen Beispielen zu versinnlichen, und daß somit die *Ästhetik* erfunden werden würde: daß man nunmehr, nach den Vorschriften

derselben, schöne Versinnlichungen verfertigen, und somit die *Kunst* selbst ihren Ursprung nehmen würde: und daß vermittels der Kunst endlich das Volk auf die höchste Stufe menschlicher *Kultur* hinaufgeführt werden würde. Diesen Leuten dient zur Nachricht, daß alles, wenigstens bei den Griechen und Römern, in ganz umgekehrter Ordnung erfolgt ist. Diese Völker machten mit der *heroischen* Epoche, welches ohne Zweifel die höchste ist, die erschwungen werden kann, den Anfang; als sie in keiner menschlichen und bürgerlichen Tugend mehr Helden hatten, *dichteten* sie welche; als sie keine mehr dichten konnten, erfanden sie dafür die *Regeln*; als sie sich in den Regeln verwirrten, abstrahierten sie die *Weltweisheit* selbst; und als sie damit fertig waren, wurden sie *schlecht.*«

Leserpost oder Ein Buch mit sieben Siegeln

Für Christa Wolf

Im April 1825 findet Goethe in seiner Post einen ungewöhnlichen Brief, den er am Abend Eckermann zeigt. Ein junger Student bittet ihn darin »um den Plan zum zweiten Teil des FAUST, indem er den Vorsatz habe, dieses Werk seinerseits zu vollenden. – Trocken, gutmütig und aufrichtig geht er mit seinen Wünschen und Absichten frei heraus und äußert zuletzt ganz unverhohlen, daß es zwar mit allen übrigen neuesten literarischen Bestrebungen nichts sei, daß aber in ihm eine neue Literatur frisch erblühen solle.«

Goethe ist über den Brief nicht nur belustigt. Er äußert aus diesem Anlaß einige mißmutige Gedanken zur Menschheit und seinen Deutschen. Die angebotene Hilfe des »jungen Studierenden« schlägt er bekanntlich aus und beendet ohne Hilfe des unbekannt gebliebenen neuen Sterns der deutschen Literatur in den folgenden sechs Jahren den zweiten Teil des FAUST.

»Geht nur«, bemerkt er dazu, »und laßt mir das Publikum, von dem ich nichts hören mag. Die Hauptsache ist, daß es geschrieben steht; mag nun die Welt damit gebaren, so gut sie kann, und es benutzen, soweit sie es fähig ist.«

Und er will nichts von dem Publikum hören, nichts von dessen Gebaren und Gebrauch seiner Arbeit, und er teilt den Freunden Zelter, Reinhard, Boisserée und Humboldt mit, er habe das Werk, an dem er sein Leben lang gearbeitet, nun versiegelt und verschlossen, »damit es mir aus den Augen und aus allem Anteil sich entfernte«.

Es sollte geschrieben sein. Alles andere ist für Goethe ohne jedes Interesse.

Und Eckermann berichtet: »Goethe übergab mir heute das

Manuskript des zweiten Teiles seines FAUST, um es nebst seinem übrigen Nachlaß demnächst herauszugeben. ›Sie lesen es wohl noch einmal‹, sagte er, ›und bemerken wohl, was Ihnen etwa auffällt, damit wir es nach und nach ins reine bringen. Ich wünsche übrigens nicht, daß es jemand anders lese. Sie wissen, ich habe Zelter davon einiges gezeigt; aber sonst kennt es außer Ottilien und Ihnen niemand. Anderen guten Freunden, die nach dem Manuskript fragten, habe ich weisgemacht, ich hätte es mit sieben Siegeln belegt und fest verschlossen. Wir wollen es dabei bewenden lassen, damit ich nicht ferner geplagt werde.‹«

Misanthropie eines älteren Herrn? Die Bemerkung Goethes vermag uns zu kränken, da wir nicht nur ausgeschlossen werden, unser uns so wertvolles Urteil bleibt unerbeten, selbst unser uneingeschränktes Lob ist unerwünscht und wird mit einer müden Handbewegung verscheucht, wie eine belästigende Fliege.

Selbst Gott, wenden wir ein, läßt sich vom Chor der Engel um seiner Werke willen loben. Als Antwort kommt nur ein stummer Blick, der uns mit dem Gedanken vertraut macht, daß der lobende Engelchor eine äußerst fragliche Vermutung sei, eine Erfindung von Gottes Eckermann; denn da Gott selbst sein Werk für gut befunden, was bedarf es da fremden Lobes. »Wir wollen es dabei bewenden lassen, damit ich nicht ferner geplagt werde.«

Die Frage, für wen ein Autor schreibt, kennt einige Antworten. Goethes Antwort ist an Schroffheit nicht zu übertreffen. Freundlicher klingen da andere Aussagen, etwa: für die Menschheit, für die Gebildeten, für die Jugend, für die Arbeiterklasse, für die Befreiung der Unterdrückten. Freilich sind diese Antworten im Ton nicht nur verbindlicher, sie sind zugleich in der Sache völlig unverbindlich. Sie haben etwas Obszönes, da sie die herablassende Geste verdeutlichen: der Autor, der sich zu einer Masse neigt, sie so gut zu kennen meint, daß er ihr das ihr Nötige zu reichen vermag; der Prophet und die Schar gläubiger Jünger, der Schäfer und die Schafe.

Ernsthafter und glaubwürdiger scheinen uns einschränkende Antworten, etwa: für meine Geliebte, für meine Schwester, für meine Freunde, für mich, für meinen Ruhm. Wir sind zwar ausgeschlossen, aber bleiben verwandt im Geist, denn mit Sentiment und Egoismus können auch wir aufwarten.

Unter den letzten Antworten finden wir vielleicht eine mögliche Antwort von Goethe, war er doch glücklich, als er den FAUST beendete. »Mein ferneres Leben«, sagte er, »kann ich nunmehr als ein reines Geschenk ansehen, und es ist jetzt im Grunde ganz einerlei, ob und was ich noch etwa tue.«

Der Satz verdeutlicht, daß er aus Respekt geschrieben hat, aus Respekt vor dem Leben. Er hat gearbeitet, um die Jahre, die ihm gegeben waren, zu nutzen und nicht zu vertun. Ehrfurcht vor dem Leben nannte das Albert Schweitzer, und er meinte die Ehrfurcht vor dem Leben des anderen, vor jedem Leben. Goethe spricht von seinem eigenen Leben, was, denke ich, keine Einschränkung ist, sondern eine Erweiterung. Nur wenn ich die Zeit, die mir zu leben gegeben ist, als kostbar, unwiederbringlich und von tausend Verlusten bedroht begreife, werde ich auch Ehrfurcht vor dem Leben und der Zeit anderer haben.

Aber das Goethesche Desinteresse an jedem Anteil, das Versiegeln und Verschließen seiner Arbeit, die ihn selbst der Welt verschließt, läßt uns eher Hochmut denn Ehrfurcht erkennen, mehr Verachtung als Achtung des anderen. Kalt zeigt er sich sogar den Freunden, um nicht »ferner geplagt« zu werden. Immerhin, einem der Freunde, dem stets und um seiner Arbeit willen sehr hoch geschätzten Wilhelm von Humboldt, begründet er wenige Tage vor seinem Tod die uns verwunderliche Haltung. Am 17. März 1832 schrieb der greise Goethe an den fast zwanzig Jahre jüngeren Freund: »Ganz ohne Frage würd es mir unendliche Freude machen, meinen werten, durchaus dankbar anerkannten, weit verteilten Freunden auch bei Lebzeiten diese sehr ernsten Scherze zu widmen, mitzuteilen und ihre Erwiderung zu vernehmen. Der Tag aber ist wirklich so absurd und konfus, daß ich mich überzeuge, meine redlichen, lange verfolgten Bemühungen um dieses seltsame Gebäu würden schlecht belohnt und an den Strand getrieben, wie ein Wrack in Trümmern daliegen und von dem Dünenschutt der Stunden zunächst überschüttet werden. Verwirrende Lehre zu verwirrtem Handel waltet über die Welt, und ich habe nichts angelegentlicher zu tun, als dasjenige, was an mir ist und geblieben ist, wo möglich zu steigern und meine Eigentümlichkeiten zu kohobieren, wie Sie es, würdiger Freund, auf Ihrer Burg ja auch bewerkstelligen.«

Die Welt, sagt Goethe, hat gewechselt, und an diesem Wechsel hat er keinen Anteil, will an ihm nicht teilhaben. Verwirrt erscheint ihm Denken und Handeln in dieser neuen Welt, er will sich durch sie nicht verwirren lassen, vielmehr hat er »nichts angelegentlicher zu tun«, als sich und seine Arbeit weiter zu destillieren. Und er befürchtet den schlechten Lohn. Ihn schreckt die Aussicht, daß sein gesamtes Lebenswerk, und dafür steht der FAUST, unter die Trümmer und den Müll des neu heraufgekommenen Jahrhunderts gerät. Er versiegelt es, weil er Störung fürchtet.

Fünf Tage später stirbt er. Wenige Monate darauf wird der

ganze FAUST postum herausgegeben. Die Welt ehrt ihn, indem sie seine Befürchtungen bestätigt: für Jahrzehnte stößt das Buch mit den sieben Siegeln auf Unverständnis und teilweise heftige Ablehnung.

Das Werk der Welt zu Lebzeiten zu verweigern ist, so scheint es nun, weniger der Haltung eines Jupiters geschuldet, Goethe fürchtet vielmehr die Verletzungen, denen er sich durch eine Veröffentlichung aussetzte. Die Neugier auf die Welt ist geschwunden, die Eitelkeiten und Sehnsüchte sind befriedigt. Er kann auf Resonanz völlig verzichten, seine Verdienste kennt er, und er muß sie nicht mehr mitteilen.

Ich vermute, Goethe fürchtete, jener eingangs erwähnte »junge Studierende« bekomme das fertige Stück zu Gesicht und antworte ihm. Diese Antworten waren ihm und sind uns denkbar. Goethe kann darauf verzichten und verschließt das Werk.

Jener dümmliche Brief – »trocken, gutmütig und aufrichtig« – war für Goethe, meine ich, Anlaß für jene rätselhafte, uns befremdende Entscheidung. Eine Vermutung, die noch einiger erklärender Worte bedarf.

Gewiß, jener Brief offenbart in außerordentlich krasser Art ein Unverständnis für Kunst und künstlerische Produktion. Aber das Unangemessene und Lächerliche sollte uns nicht von dem Verständnis seiner tatsächlichen Bedeutung abhalten, die Goethe möglicherweise zu seinem Entschluß führte. Die Absicht des Studenten, das noch fragmentarische Werk entsprechend den Vorstellungen Goethes zu vollenden, weshalb er eben um jenen Plan zum zweiten Teil des FAUST bittet, ist ungewöhnlich allein in der radikalen Fortführung einer bis heute üblichen Praxis der Kunstbetrachtung.

Kommentar und Interpretation, das sind die gewöhnlich gewordenen Arten der Annäherung an Kunst. Interpretation und Kommentar sind dabei längst nicht allein eine Domäne der Kunst- und Literaturwissenschaft, sie wurden die gewöhnliche Reaktion eines jeden Kunstbetrachters, ja, sie gelten als Führer zum eigentlichen Verständnis von Kunst. Goethe sieht dies als Unglück an, und er beklagt bei dem Erhalt des Briefes jenes Studenten, »daß niemand sich des Hervorgebrachten freuen, sondern jeder seinerseits selbst wieder produzieren will. Auch denkt niemand daran, sich von einem Werk der Poesie auf seinem eigenen Wege fördern zu lassen, sondern jeder will sogleich wieder dasselbige machen. Es ist ferner kein Ernst da, der ins Ganze geht, kein Sinn, dem Ganzen etwas zuliebe zu tun, sondern man trachtet nur, wie man sein eigenes Selbst bemerklich mache und es vor der Welt zu möglichster Evidenz bringe. – Dieses falsche Bestreben zeigt sich überall, und man tut es den neuesten Virtuosen nach, die nicht sowohl solche Stücke zu ihrem Vortrage wählen, woran die Zuhörer reinen musikalischen Genuß haben, als vielmehr solche, worin der Spielende seine erlangte Fertigkeit könne bewundern lassen. Überall ist es das Individuum, das sich herrlich zeigen will, und nirgends trifft man auf ein redliches Streben, das dem Ganzen und der Sache zuliebe sein eigenes Selbst zurücksetzte.«

Es ist eine stolze und selbstbewußte Klage, die Goethe hier führt und die den aristokratischen Geist verrät: eine Haltung gegen einen kapitalistischen Kunstbetrieb wie gegen einen demokratischen. Goethe verachtet sie und mißtraut beiden, von ihnen erwartet er nichts Gutes und schon gar nicht Kunstwerke.

Grundsätzlich aber spricht er sich – und nicht hier allein – gegen die Interpretation aus. Einhundertfünfzig Jahre

später formuliert Susan Sontag Vergleichbares in ihrem »Against interpretation«.
Der Kommentar und die Interpretation zerstören das Kunstwerk, indem sie es zu ersetzen suchen. Post festum erfolgt eine Überschreibung, ein Überschreiben des Textes, ein Übermalen des Bildes. Diese Überschreibung, Übermalung läßt das Werk noch immer hervorleuchten, scheinbar unangetastet, nun jedoch erklärt.
Jener Student versuchte, seinen Kommentar und seine Interpretation präventiv vorzubringen. Er wollte die Arbeit vollenden, und er war davon überzeugt, daß ihn die Kenntnis von Goethes Konzept dafür ausreichend befähigt. Im Besitz des Plans, wäre er, wie er glaubte, imstande zu dichten. Tatsächlich aber würde er interpretieren und kommentieren (und seine Hoffnung, damit schreibe er den FAUST, offenbart lediglich etwas von einem weitverbreiteten Selbstverständnis des Interpreten). Denn was er in Wahrheit mitzuteilen hatte, war der alte, vertraute Satz: Damit will Goethe uns sagen …
Seine Voreiligkeit übersah, daß die Übermalung zuvor als Untergrund das Kunstwerk benötigt. Kommentar wie Interpretation sind nicht zu denken ohne die Existenz des zu kommentierenden, zu interpretierenden Werkes. Diese Metaebene trachtet danach, sich selbständig zu machen, so daß schließlich nur noch die Interpretation, der Streit der Kommentatoren von Interesse ist und das auslösende Werk kaum oder gar nicht mehr zur Kenntnis genommen wird, auf Kommentar und Interpretation keinen Einfluß mehr nimmt.
Goethe beklagt den Zustand. Seine Lösung: die postume Herausgabe seines Werkes. Dieser Ausweg, der für das Individuum Goethe von vollkommener Evidenz ist – mit dem

Tod löst jedes Individuum die Welt auf und jedes Problem –, er ist für uns unannehmbar. Wir suchen nach dem Gesetz, nach der verallgemeinerbaren Formel, da ist Individualismus nicht zu tolerieren.

Susan Sontag bot eine Lösung an: Vernachlässigung des traditionell überschätzten Inhalts eines Kunstwerkes und Hinwendung zu Form und Stil. Die Inhalte, das Thema, der Stoff seien äußerlich, liegen außen, im Inneren stecke der Stil, die Form. Die größere Schwierigkeit, so dürfen wir vermuten, an den inneren Gehalt des Kunstwerkes zu gelangen, ermöglicht größere Kenntnis und adäquate Sicht auf das Werk. Zweifellos muß das Innere eines Werkes uns näher an sein Geheimnis bringen, ist doch die Form, wie Goethe anmerkte, ein Geheimnis den meisten – oder, nach anderer Lesart, ein Geheimnis der Meister.

Ein Unbehagen aber bleibt. Die Entthronung des Inhalts und die verstärkte Hinwendung zur Form als dem wesentlicheren Bestandteil des Kunstwerks löst nicht das Problem der Interpretation, sondern verschiebt lediglich unsere Kalamität.

Die Betrachtung des strukturellen Prinzips eines Werkes führt uns in Räume, die dem Produktionsraum sehr viel näher liegen als jene der Fakten, der Story oder des Handwerks. Erst mit dem Versuch, der Struktur eines Werkes zu folgen, kommen wir in die Lage, uns nicht von der Oberfläche des Werkes führen und verführen zu lassen, nicht der Botschaft oder Moral zu folgen, die das Werk absichtsvoll, scheinbar oder spielerisch für sich beansprucht. Denn Botschaft und Moral, die wir in jedem Kunstwerk entdecken können – eine Entdeckung, die weitgehend von uns selbst bestimmt ist, wir finden das, was wir suchen –, erhellen uns die Ideologie des Künstlers, sein Jahrhundert, dessen politische Tendenz und künstlerische Moden, häufiger aber nur unsere eigene Ideologie, Tendenz, unsere eigene Befangenheit in der Zeit. Botschaft und Moral führen uns nie zum Kunstwerk, sie sind lediglich Teil der zeitgenössischen Interpretation, sie sind Kommentar der Zeit. Wäre es anders, müßte mit jeder Veränderung der Ethik und jeder gesellschaftlichen Umwälzung und Reform auch der ihnen entsprechende Teil an Kunstwerken nichtssagend werden, da ihre Botschaft und Moral nun ins Leere zielen. Das Erstaunen über die so viele Veränderungen überlebenden Werke führte den Kommentar dazu, der Kunst die ewigen Werte zuzuordnen. Der Wunsch nach Frieden und Freiheit, die Sehnsucht nach Glück und Liebe wurden die Krücken, um ein Überleben des interpretativen Verständnisses zu retten.

Susan Sontag nennt dies die moderne Weise des Mißverstehens, die Rache des Intellekts an der Kunst und an der Welt, die die Welt arm und leer macht und die Kunst manipulierbar und bequem. »Wirkliche Kunst«, sagt sie, »hat die Eigenschaft, uns nervös zu machen. Indem man das Kunstwerk auf seinen Inhalt reduziert und diesen dann interpretiert, zähmt man es.«

Die Interpretation des Gehalts zu verwerfen und sich der Struktur zuzuwenden, erlaubt uns gewiß größere Annäherung und ein Verständnis von Motiven, Einflüssen, Assoziationen, Gesetz und Zufall im Entstehungsprozeß. Aber es ist eine Annäherung an Imponderabilien.

Sind die Interpretation des Inhalts und der Kommentar unbefriedigend, weil sie bei den Fakten bleiben und allein das Äußere des Werkes, das allen Sichtbare benennen, so ist bei einer Betrachtung der Struktur unumgänglich, daß nunmehr die Spekulation die Interpretation ergänzt. Von der

Struktur des Werkes besitzen wir nur das im Produkt festgehaltene Ergebnis. Unstrittig ist aber, daß die Struktur des Produkts nur ein verkürzter, summierender Teil der Struktur der Produktion ist. Die Produktion selbst muß betrachtet werden, ihre Struktur nur kann die Struktur des Produkts offenlegen.

Aus der Interpretation des Inhalts geraten wir in die Interpretation der Struktur. Die Oberfläche der Fakten verwerfend, schwimmen wir nun in Vermutungen. Die Wahrheit und Schlüssigkeit dieser Interpretationen beruhen auf der Schlüssigkeit und Vollständigkeit des interpretativen Gebäudes; ihre Gültigkeit kreist um sich selbst; das sich über dem Werk erhebende System von Aussagen emanzipiert sich von ihm in dem Maß, wie es sich vervollständigt. Vom Inhalt zur Form überzugehen, erhöht die Schwierigkeit wissenschaftlicher Aussagen und erhöht gegebenenfalls den Aussagewert, sie befreit uns aber keinesfalls von der voluntaristischen Interpretation. Die Interpretation des Inhalts durch eine Interpretation der Form zu ersetzen, ermöglicht lediglich, die interpretierende und kommentierende Auffassung von Kunst spekulativ zu verlängern und zu verbreitern.

Die Ergebnisse dieser neuen oder doch anderen Interpretation ergeben gewiß neue oder doch andere Einsichten, denn das veränderte Herangehen muß notwendigerweise anderes entdecken. Aber wieder ist es Interpretation. Wieder wird dem Kunstwerk Gewalt angetan, wird es zu einem Gebrauchsgegenstand von Kategorien, Theorien, Kommentaren. Nur so ist es erklärlich, daß Susan Sontag trotz ihres heftigen und energischen Engagements gegen Interpretation bei der Betrachtung einzelner Autoren und Werke ebenfalls interpretiert. Sie kommt nicht umhin, zu erklären, zu deuten, zu schlußfolgern, zu kommentieren.

Eisslers psychoanalytische Studie über Goethe ist eines jener Werke, die bereits im Ansatz vehement die traditionelle Interpretation verlassen. Das Ergebnis ist eine schlüssige Gesamtsicht – sofern ich den psychoanalytischen Ansatz akzeptiere und damit die spekulative Interpretation. Es wird dann ein Zugang zu Bereichen, für die uns das Werk allein keinen Weg weist. Es eröffnet sich ein Zugang zur Struktur der Produktion wie der diese Struktur bedingenden Voraussetzungen. Oder es sind völlig freie Fantasien und Interpretationen, die durch keine eindeutigen Fakten, sondern allein durch Mutmaßungen gedeckt sind, selbst psychoanalytisch fragwürdig, da sie den überkommenen Aussagen nur unbedingte Wahrheitswerte zuordnen und nicht die relativierenden Werte, die psychoanalytische Fallstudien durch persönliche Kenntnis, durch wiederholtes Befragen usw. erreichen können. Die schlußfolgernden Entscheidungen sind nicht wissenschaftlich zu fällen, sie sind von Interpretationen bedingt, von Haltungen des Urteilenden. Kommentar und Interpretation gehören dann in allen Kunstwissenschaften wie in allen gesellschaftlichen zu den Glaubenssätzen. Theologie wird dann wieder zur Mutter der Wissenschaft.

Ein anderer, weitaus zurückhaltenderer Versuch ist Elias Canettis DER ANDERE PROZESS. Der Versuch, dem Roman DER PROZESS den Briefwechsel Kafkas mit Felice Bauer zu unterlegen, überzeugt im Ergebnis und ist schlüssig und erhellend. Genauer gesagt: er ist es für mich. Mich überzeugt Canettis Interpretation mehr als Eisslers, unter anderem weil Canetti weniger direkt die Schlüsse zieht und apodiktische Urteile vermeidet. Er überzeugt mich, weil er meiner Interpretation entspricht oder doch nicht widerspricht. Aber selbstverständlich ist es Interpretation, trotz aller Zurückhaltung und äußerst vorsichtiger Argumentation. Auch Canetti spekuliert, und trotz des mich überzeugenden Nachweises und der behutsamen Annäherung bleibt ein Unbehagen, weil ein Kunstwerk aufgelöst wird in erklärende Verweise seiner Herkunft und Entstehung, gedeutet wird durch die Biografie des Autors, seine Ängste, Obsessionen und Hoffnungen.

Wir gewinnen Klarheit über die Produktion, genauer gesagt: mutmaßliche Wahrheit über die mögliche Art der Produktion, und eine gewichtige, nahezu alles umfassende Kenntnis über die Biografie des Autors, über den Autor. Verlustig geht uns dabei das Kunstwerk. Wir sind nun nicht mehr in der Lage, Romane wie den WILHELM MEISTER oder DER PROZESS zu lesen, wir lesen verschlüsselte Nachrichten über einen Autor. Und unsere Bildung, Kultur, unser Kunstverständnis erweist sich in dem Entschlüsseln der privaten Mitteilungen über die Befindlichkeiten, Ängste, Verletzungen einer Person, die Goethe oder Kafka heißt.

Unser Jahrhundert hat kein gewichtiges Kunstwerk seiner Zeit von dieser Betrachtung ausgenommen. Die Röntgenstrahlen zur psychischen und personengeschichtlichen Spurenlese vermitteln uns nicht allein Kenntnisse, sondern auch Annäherungen. Unsere Verklemmungen, Ängste, Unvollkommenheiten, Lädierungen, wir entdecken sie alle im Autor des Kunstwerks wieder. Die Röntgenstrahlen offenbarten uns die Pinselstriche der Produktion, und die Pinselstriche verrieten uns die Person. Wir haben nunmehr das Röntgenbild des Kunstwerks, das uns den Autor erklärt, verloren haben wir das Kunstwerk. Das Geheimnis des Werkes ist gelüftet, unsere Interpretation beweist sich selbst durch ihre Schlüssigkeit, und von dem Werk bleiben die se-

zierten Splitter, die keine andere Bedeutung haben als unseren Kommentar.
Vor zwei Jahren besuchte ich in Helsinki eine vielgerühmte HAMLET-Inszenierung. Ich war eine halbe Stunde früher in das Theater gegangen, um meine Eintrittskarte abzuholen. Im Foyer wartete ich auf den Beginn der Vorstellung und kam dabei mit einem Nordamerikaner ins Gespräch. Er war etwa in meinem Alter und arbeitete seit längerer Zeit in Finnland als Ingenieur für, ich glaube, Wärmetechnik. Im Gespräch erkundigte er sich nach meiner Kenntnis der finnischen Sprache, und ich mußte gestehen, daß ich Finnisch überhaupt nicht verstehe. Er war verwundert, daß ich dennoch ins Theater gehe, um mir ein Stück anzusehen, welches in finnischer Übersetzung gespielt wird. Ich verstand seine Verwunderung nicht ganz und sagte, gerade bei diesem Stück seien die Verständnisschwierigkeiten doch nicht unüberwindlich, habe man es doch hin und wieder gelesen und gesehen; ich fürchte also keineswegs, nicht zu verstehen. Ach, Sie kennen das Stück? fragte er überrascht. Sehr zögernd sagte ich ja, zögernd, nicht weil ich meine tatsächlichen Kenntnisse bezweifelte, eher die Ernsthaftigkeit seiner Frage. Und ich erkundigte mich bei ihm, noch zurückhaltender, um ihn nicht zu kränken: Sie kennen Shakespeares HAMLET nicht? Nein, er kannte das Stück nicht, er hatte nie von diesem Stück gehört. Finnische Freunde hatten dem Ingenieur diese Aufführung empfohlen.
Für eine Sekunde war ich fassungslos, dann war ich nur noch neidisch, neidisch auf diesen vermutlich so technikbesessenen Mann, daß er selbst Shakespeares HAMLET bisher nicht zur Kenntnis genommen hatte.
Ich wußte, ich werde in die Vorstellung gehen, den Kopf angefüllt mit einer Vielzahl von Kommentaren und Interpre-

tationen des Theaters, der Literatur, der Wissenschaft. Ich werde sehen, nur um immerfort zu vergleichen. Ich gehe in die Vorstellung, um Entsprechungen zu finden oder zu vermissen, ich werde zustimmend nicken oder empört den Kopf schütteln. Ich gehe in das Theater, nicht um HAMLET wirklich zu sehen – das ist mir auf Grund meiner Bildung nicht mehr möglich –, sondern um diesen HAMLET mit meinen von mir erkannten oder anerkannten Interpretationen zu vergleichen, zu überprüfen.

Und ich war auf den Ingenieur neidisch, weil er etwas erleben würde, was mir vor einer Ewigkeit verlorenging. Er würde etwas sehen, wo ich nur etwas bemerken, anmerken könnte. Er wird Hamlet kennenlernen, den klagenden Geist des alten Hamlet, er wird von Beschuldigungen hören und den vielfältigen Unmöglichkeiten, Klarheit zu gewinnen und zu einer richtigen Entscheidung zu kommen.

Ich dagegen werde vielleicht von einem Kostüm überrascht, von der ungewöhnlichen Führung einer Nebenfigur, von einer bedenkenswerten oder bedenklichen Sicht auf Ophelia.

Der Ingenieur wird ein Kunstwerk sehen, ich vielleicht nur eine Interpretation. Er wird etwas erleben, ich dagegen den Kommentaren in meinem Kopf einen weiteren hinzufügen.

Die Interpretationen und Kommentare haben uns die Sicht auf das Kunstwerk genommen. Wenn Kunst die Welt poetisch spiegelt, indem sie künstliche Welten schafft, die von unserer Welt berichten, so sind wir nur noch in der Lage, die Bilder der Bilder der Bilder wahrzuhaben. Second-hand erhalten wir alles, was uns wesentlich ist, also interpretationswürdig. Aus erster Hand erreicht uns allein die keinen Kommentar werte Trivialkunst. Vielleicht ist das auch einer der Gründe für den weltweiten Erfolg des Trivialen. (Die Theoretiker der Postmoderne entdeckten soeben die tieferen Bedeutungen und psychosoziologischen Verästlungen der Trivialkunst; die Zukunft wird es erweisen, ob es ihnen dadurch gelingt, die Unbefangenheit des Konsumenten dieser Kunst zu brechen und den Verkaufserfolg nachhaltig einzudämmen.)

Jedes andere Kunstwerk aber, das also von der Kunstwissenschaft die hohe Weihe ihrer Würdigung empfangen hat, was bereits die erste Kommentierung ist, erfährt das Schicksal aller uns wichtigen Werke: Anlaß für Interpretation zu werden.

Als vor einhundertfünfzig Jahren der Philosoph und Theologe David Friedrich Strauß seine kritische Schrift DAS LEBEN JESU veröffentlichte, schrieb er in der Einleitung: »Wo immer eine auf schriftliche Denkmale sich stützende Religion in weiteren Raum- und Zeitgebieten sich geltend macht, und ihre Bekenner durch mannigfaltige und immer höher steigende Entwickelungs- und Bildungsstufen begleitet: da thut sich früher oder später eine Differenz hervor zwischen demjenigen, was jene alten Urkunden bieten, und der neuen Bildung derer, welche an dieselben als an heilige Bücher gewiesen sind. Diese Differenz [...] tritt [...] selbst an den wesentlichen Inhalt heran, und [...] (wird) dahin streben, entweder das Göttliche als nicht so Geschehenes darzustellen, also den alten Urkunden die historische Geltung abzusprechen, oder das Geschehene als so nicht Göttliches aufzuweisen, also aus jenen Büchern den absoluten Inhalt hinwegzuerklären. In beiden Fällen kann die Auslegung befangen oder unbefangen zu Werke gehen: befangen, wenn sie gegen das Bewußtsein der Differenz zwischen der neuen Bildung und der alten Urkunde sich verblendet, und

nur den ursprünglichen Sinn der letzteren zu ermitteln sich einbildet; unbefangen, wenn sie klar erkennt und offen eingesteht, daß sie das, was jene alten Schriftsteller erzählen, anders ansieht, als diese selbst es angesehen haben.«
Unser Unbehagen an der Interpretation und die unauflösbare Differenz formuliert Strauß mit einer uns auch heute noch überraschenden Schärfe. Seine daraus geschlossene Alternative des befangenen oder unbefangenen Herangehens an das zu betrachtende Werk erscheint mir für die Praxis weitreichender und sinnvoller als die von Susan Sontag vorgegebene Verschiebung der Interpretation.
Wie können wir das uns heilige Buch, das Kunstwerk, der fatalen, weil immer verfälschenden Interpretation entziehen? Wie einem Kommentar entgehen, der – wie gut, genau und sorgfältig auch immer – stets ein anderer Text ist, der uns das Werk verstellt und schließlich, alles verhüllend, für uns verbirgt? Wie ist eine Textur zu vermeiden, in die eingebettet jedes Kunstwerk uns zu einem Buch mit sieben Siegeln wird?
In den letzten Jahrzehnten häuften sich die Selbstkommentare der Autoren. Bei unterschiedlichen Gelegenheiten hören wir die Produzenten von Kunst über die Kunst sprechen, über ihre Kunst und ihre Ästhetik. Werkstattberichte nennt man diese Art von Vorträgen, und der Name legt nahe, daß hier Aussagen zu haben sind, die besonders eng an die Produktion gebunden sind und damit bedeutsame Annäherungen an das Produkt uns ermöglichen.
Aber selbst die Kunstwissenschaft nutzt diese Selbstkommentare mit großer Vorsicht und Zurückhaltung, eher als feuilletonistische Beigabe denn als göttliches Paralipomenon. Und tatsächlich ist auch hier nur Interpretation zu haben, unwissenschaftliche zumal, häufig selbstgerechte,

immer selbstbezogene, egozentristische. Wir bekommen allenfalls die Interpretation des Autors, die aber keinesfalls genauer oder gültiger ist als jede andere, die sorgsam und werkgerecht erfolgt.

Überdies fehlt zumeist der objektivierende Vergleich, die selbstlose Haltung des wissenschaftlich Betrachtenden, die klärende Distanz. Nur wenn wir diese Autorinterpretationen interpretierend nutzen, also eingeschränkt und verändert, bekommen wir jene abstrakte Gültigkeit, die zum Wahrheitsbegriff gehört, den die Wissenschaft von uns verlangt. Aber mit der Interpretation der Interpretation ist eine Annäherung an das Kunstwerk nicht möglich, jedenfalls keine interpretationsfreie. Alles, was ein Künstler uns mitzuteilen hat, steckt in dem Werk, dem Kunstprodukt. Darüber hinaus werden wir von ihm nichts erhalten, was uns dieses Werk reicher, verständlicher oder erschließbarer macht. Es ist verlorene Zeit, dem Künstler – writer in residence, genauer: writer as his own commentator in residence – zuzuhören, verloren für uns wie für ihn. Bilde, Künstler, rede nicht, bemerkte Goethe dazu.

Ist das Unbehagen an der Interpretation aufzulösen durch ein wie auch immer geartetes Ende der Interpretation?

Ein radikales Ende ist das Schweigen. Goethe versiegelte sein Werk, um dieses Schweigen für sich zu erlangen, um den FAUST der Interpretation zu entziehen. Ein Schweigen, gültig und zu erreichen allein für ihn, für seine Lebenszeit.

Der Ingenieur in Finnland erlangte das Schweigen durch Unkenntnis, durch Ignoranz. Dies ermöglichte ihm ein Kunsterlebnis, das mir versagt war. Er wurde zufällig und völlig überraschend an einem Abend in Helsinki mit einem der schönsten Stücke der Weltliteratur konfrontiert. Und ich hoffe, er hatte Augen, um zu sehen, und Ohren, um zu hören. Seine Naivität war aber nicht natürlich, sondern durch bornierte Abstinenz erkauft.

Tatsächlich kann das Schweigen eine vornehme und stolze Annäherung an das Kunstwerk sein. Es ist vielleicht die würdigste und angemessenste Art, auf Kunst zu reagieren. Jeder, der Kunst erlebt hat, von einem Kunstwerk je berührt wurde, wird dieses Schweigen, das Verstummen angesichts eines ihn überwältigenden Werkes kennen. Dann ist das Schweigen der Ausdruck eines tiefen, sinnlichen Begreifens von Kunst, der Rest, der bleibt.

Aber selbst das Schweigen ist nicht frei von Interpretation. Das Kunstwerk existiert an sich und für sich nur so lange, wie es verschlossen, versiegelt bleibt. Wenn es zu einem Werk für uns wird, von uns erlebt wird, wird es durch uns verändert. Das Erleben, das Überwältigtwerden durch ein Werk setzt voraus, daß ich mich zu ihm ins Verhältnis setze und daß ich das Werk in Relation zu mir bringe. Ich werde berührt, weil ich mich sehe, weil ich mich erkenne. Da aber der Künstler von sich erzählte, sich ins Bild setzte, ist mein Wiedererkennen bereits eine nonverbale Interpretation. Das Kunstwerk, das ich betrachte, ist ein anderes als jenes, das der Künstler aus der Hand gab. Er sprach von sich, ich aber sehe mich. Ich habe interpretiert, ich habe mir das Werk übersetzt. Ohne diese Übersetzung bliebe das Werk für sich, könnte mich nicht berühren, könnte ich es nicht erleben.

Wenn also Interpretation die Voraussetzung für das Kunsterlebnis ist, so ist sie unabdingbar an das Kunstwerk, genauer gesagt: an das Erleben von Kunst geknüpft. Was ich mir aneignen will, muß ich mir zu eigen machen, mir entsprechend machen, mir interpretieren. Ohne Interpretation bleibt das Kunstwerk eine Arbeit an sich und für sich; erst die Interpretation, meine Interpretation, macht das Werk erfahrbar, macht es zu einem Kunstwerk für mich. Das Unbehagen an der Interpretation ist also nicht aufhebbar oder gar zu beenden, sondern nur durch ein Bewußtmachen der Interpretation zu kompensieren. Wenn ich bei der Annäherung an das Werk mir beständig vor Augen halte, daß jede meiner Aussagen, ja bereits meine Empfindungen ein interpretierendes Verfälschen sind, wenn ich mir der andersartigen Charaktere des Kunstwerks und der Kunstwahrnehmung bewußt bin (wenn ich also unbefangen herangehe, wie Strauß sagte, und erkenne und eingestehe, daß die Werke anderes erzählen, als wir es sehen), nur dann habe ich die Chance, nicht allein meine Sicht, meinen Kommentar wahrzuhaben, sondern auch das Werk.

Ich plädiere also für Zurückhaltung, für Unsicherheit, für eine zögernde Annäherung. Ich plädiere für die jeder Interpretation vorangestellte und sie abschließende einschränkende Wendung: nach meiner Meinung.

Das ist für eine die Kunst betrachtende Wissenschaft eine unzumutbare Forderung, da sie jede Gültigkeit absichtsvoll und vorsätzlich in Frage stellt. Es könnte aber die ohnehin unumgänglichen Interpretationen und Kommentare dem Kunstwerk entsprechender machen. Die Selbsteinschränkung der Interpretation bräche für uns die sieben Siegel auf, die zuvor das Werk vor Überschreibung, Übermalung, Zerstörung durch Kommentar zu retten hatten. Es befreite uns endlich aus der fatalen Verwandtschaft mit jenem Studenten, der nur auf den Plan für den zweiten Teil des FAUST wartete, um mit seinem Kommentar loslegen zu können.

Zurückhaltung, sagte ich. Christa Wolf sprach in einem nicht so sehr verschiedenen Zusammenhang von einer notwendigen anderen Sprache, um uns in der verkehrten Welt auszudrücken, zurechtzufinden. »Damit man einander doch wieder etwas sagen und erzählen könnte, ohne sich schämen zu müssen. Die nach dieser Sprache fahnden wollen, müßten aber wohl ein beinah vollkommenes Schwinden ihres Selbst-Gefühls, ihres Selbst-Bewußtseins ertragen können, weil ja all die Muster, in denen zu reden, zu erzählen, zu denken und zu dichten wir gewöhnt sind, nicht mehr verfügbar wären. Sie würden wohl erfahren, was es wirklich heißt: die Fassung verlieren.«

Der Gewinn aber wäre das Erleben von Kunst, und da geht die Fassung uns ohnehin verloren. Nach meiner Meinung und Erfahrung.

Maelzel's Chess Player Goes To Hollywood.

Das Verschwinden des künstlerischen Produzenten im Zeitalter der technischen Reproduzierbarkeit

Fünf Jahre bevor Edgar Allan Poe seinen Detektiv Monsieur Auguste Dupin als Beispiel analytischer Fantasie und Kombinatorik erfindet, offenbart er die Vaterschaft des Dupinschen Scharfsinns: er entkleidet deduktiv Maelzels Schachspieler seiner vorgeblichen Technik, die diesen zum vielbesuchten und -gerühmten Wunder machte. Poe wies den in der Apparatur versteckten Menschen nach. Dessen Schachkünste waren keineswegs sensationell, das Erstaunen erregte die vorgespiegelte technische Leistung, der angebliche Automat. In siebzehn Punkten begründete Poe, warum nicht nur sehr wohl ein Mensch in dem Apparat versteckt sein kann, sondern daß notwendigerweise dieser von einem Menschen bedient werde.

Maelzels Schachspieler, eine Konstruktion Wolfgang Ritter von Kempelens, war eine betrügerische Erfindung, deren Nase jedoch in die richtige Richtung wies. Zwei Jahrhunderte nach von Kempelens Mechanik, die einen Automaten vorzutäuschen hatte, stehen uns nicht nur beim Schachspiel Automaten gegenüber. Und nicht allein ihr geringer Umfang, sondern auch Leistung, Ordnungsmöglichkeiten und Schnelligkeit werden einen jeden von vornherein davon abhalten, in ihnen nach einem versteckten Menschen zu suchen.

Nun sind es ihre Erfinder, die dem Computer, dem perfekten Automaten, einen Menschen einverleiben wollen. Die Vollkommenheit des Automaten nämlich erregte – ganz abgesehen von den sozialen Problemen, die mit seinem massenweisen Erscheinen in der westlichen Welt auftauchten – bei vielen Menschen irrationale Ängste. Die Perfektion ist mehr als menschlich, übermenschlich, also auch unmenschlich und beunruhigend daher. Nicht völlig frei von einem stillen Grauen bedienen wir die Knöpfe, beneiden die folgenden Generationen um ihren unbefangenen Umgang mit diesen Geräten und entwickeln möglicherweise ein verspätetes Verständnis für unsere Urgroßeltern, die verängstigt und mit zitternden Fingern den Schalter ihrer elektrischen Glühlampe betätigten.

Die Computerproduzenten versuchen diesen verkaufshemmenden Ängsten durch eine Vermenschlichung des Apparats zu begegnen, die diesen als Partner und Freund darstellt. Neben dem Mikroprozessor wird gleichsam ein Mensch eingebaut. Dieser überflüssigerweise installierte Mensch hat nichts mit den tatsächlich hinter dem Apparat steckenden Menschen zu tun, mit denen, die ihn produzieren, einsetzen und dirigieren, mit den Wissenschaftlern und Technikern, den Politikern und Militärs. Dieser Mensch hat nur eine einzige Funktion: er muß uns von seiner steten Anwesenheit überzeugen, um allein dadurch das technische Steuer- und Regelwerk zu denunzieren und als einen neuen Typ des Maelzelschen Schachspielers darzustellen. Eine Widernatürlichkeit, denn sie steht nicht allein gegen unsere Natur, sondern sie verkehrt auch die Natur des technischen Instruments, zeugt gegen uns.

Das Unbehagen an der technischen Entwicklung rettet sich erfahrungsgemäß und traditionell in die der Ratio unzugänglicheren Bereiche. »Le cœur a sa raison, que la raison ne connait pas«, sagt Pascal, das Herz hat seine Vernunft, die die Vernunft nicht kennt. Das Unbehagen verführt und führt uns zu dieser schwer kontrollierbaren Vernunft des

Herzens, wo umgeben von der Aura der Humanität tradierte menschliche Werte, Fähigkeiten und Funktionen anscheinend erlauben, uns selbst näherzukommen, zu uns zu kommen. Die vermißte und gesuchte Behaglichkeit besteht dort, wo wir mit uns identisch sind. Und immer, wenn gesellschaftliche, politische, technische oder künstlerische Entwicklungen uns verunsichern, ein Unbehagen in uns erregen, retten wir uns in eine Identität überkommener Werte, das heißt angenommener und respektierter, also fraglos gewordener Werte.

Wenn wir der Identität des Menschen mit sich selbst einen hohen Wert beimessen – und auf Grund der psychischen Beschaffenheit des Menschen sind wir dazu genötigt –, so dürfen wir nicht verkennen, daß die gesuchte Identität selten auf unbekannten, unerforschten Wegen zu erreichen, sondern gewöhnlich in den geklärten, gesicherten, unumstößlichen Bereichen zu finden ist, also in den schon erreichten und bewohnten Plätzen, in den Höhlen, aus denen wir aufgebrochen sind.

Der Forscher und Entdecker hat in diesem Sinn die geringste Chance, mit sich identisch zu werden, da sein Gegenstand extrem gegen ihn ins Verhältnis gesetzt ist: er ist ihm fremd, unerkannt und erklärungslos. Die Forderung, in seiner Zeit die eigene Identität zu finden, bedeutet, uns im (noch) Unbewohnbaren anzusiedeln, ja, auf die Siedlung, die Behausung zu verzichten, da sie einen retardierenden Moment im Zeitstrom darstellt, einen Stillstand markiert in einem tatsächlich bewegten Fluß.

Das Neue ist nie einladend, es ist unbehaglich, es läßt uns nicht die Ruhe, die wir offenbar zur Selbstfindung benötigen, auch wenn wir es mit den freundlich klingenden Worten Progression, Fortschreiten, bezeichnen. Und zumal jene

Bereiche des Forschens und Entdeckens, die rabiater und grundsätzlicher die früher gefundenen Lösungen zugunsten der neuen verwerfen, also Wissenschaft und Technik etwa, die für die Leistungen der Väter ein bestenfalls historisch würdigendes Interesse aufzubringen vermögen und für die die zeitgenössischen Anhänger überkommener, also veralteter Lösungen einen Anachronismus darstellen, werden uns immer wieder aus der einmal gefundenen Ruhe aufschrecken.

Behagen, Selbstfindung weiß uns da eher die Vernunft des Herzens zu weisen, von der, wie Pascal anmerkte, die andere Vernunft (der Verstand, die Erkenntnis) nichts weiß. Diese Vernunft des Herzens begrenzt jene der menschlichen Ratio und räumt ihr nur bedingt das Recht ein, über sie Aussagen zu treffen. Zu ihr gehören zweifelsfrei die Religion, die Philosophie, dazu gehört auch die Kunst. Also jene Äußerungen des Menschen, in denen die früheren Lösungen, die Arbeit der Vorfahren, nicht nur aufhebbare Stufen darstellen, aufgehoben im späteren Stand der Entwicklung und Praxis, sondern auch weiterhin gültige Ergebnisse von menschlicher Produktion, aussagefähig auch noch für uns und nicht aufhebbar, d. h. als Lösung nicht zu übertreffen. Sie existieren – im Unterschied zu früheren Produkten von Wissenschaft und Technik – auch noch praktisch für uns. Sie vermögen auch uns, die wir Hunderte oder Tausende von Jahren nach ihnen zur Welt kamen, Genuß zu verschaffen oder Hilfe und Erkenntnis. Sie erregen noch heute unsere betroffene Bewunderung, wir haben mit ihnen zu tun, sind noch immer mit ihren Fragen beschäftigt, in ihre Probleme verwickelt. Ihre Urheber vermögen durch ihre Produkte zu uns zu sprechen, vermochten sich durch sie zu unseren scheinbaren Zeitgenossen zu machen. Der jahrtausendealte

Schreibgriffel der Ägypter oder die vor einem Jahrhundert geborene Schreibmaschine können allein unser historisches Interesse ansprechen, sie sind für uns unpraktisch geworden, stehen außerhalb unserer Praxis. Die Welt- und Sternenkarten der Griechen wie die Anatomie des Rembrandtschen Jahrhunderts sagen uns etwas über die Urheber und ihre Zeit. Ihre ursprüngliche Aussage aber wurde fortgesetzt aufgehoben und revidiert und stellt für uns keinen Wert dar, sie ist für uns nutzlos geworden.
Die Unaufhebbarkeit der Kunst erlaubt uns den Regreß, das Festhalten an Überkommenem, das beständige Verweilen im Gestern. Was in den Wissenschaften und der Technik nicht nur anachronistisch, sondern schizophren wäre, in den Künsten ist es möglich. Es ist statthaft und sogar üblich, in der Tradition zu leben und die neuen Lösungen als nicht zur Kunst gehörig, als Unkunst, Unkultur abzulehnen, sie nicht wahrzuhaben. Balzac oder Dostojewski als Endpunkte der Literatur zu bezeichnen und das ihnen folgende Jahrhundert nicht zu akzeptieren, ist sogar professionell mit Literatur Beschäftigten erlaubt. Eine vergleichbare Haltung in der Mathematik und Biologie, im Maschinenbau und der Architektur ist nicht einmal eine Denkmöglichkeit. Das Nichtwahrhaben neuer Erkenntnisse und Entdeckungen ist hier unerlaubt, ruinös und tödlich.
Unsere eigene Identität in unserer eigenen Zeit zu finden wird uns erschwert durch eine Erziehung und Bildung, die selbst in fernen Zeiten gebildet wurde. Sie ist von einer Generation vor uns geprägt worden. Und wenn diese Generation ihre Prägung gleichfalls überwiegend von der ihr vorhergehenden Generation erhielt und nicht selbst erarbeitete, so deutet sich an, wie tief in die Vergangenheit die Wurzeln unserer Erziehung und Bildung reichen. Sie wird von unse-

rer Zeit tangiert und modifiziert, bleibt aber der Tradition verhaftet und einer Zeit, die wir nicht mehr kennenlernten. Aus dieser sinnlich nicht erfahrenen Zeit stammen unsere Bildung, der Bau und die Maßstäbe unserer Kultur. Und daher akzeptieren wir die Produkte jener Zeit, denn es sind Produkte, die unseren traditionellen Wertvorstellungen entsprechen. Sie wurden nur dort fragwürdig für uns, wo die Produktion der eigenen Zeit diese völlig ersetzte und ihre eigene Gültigkeit erzwang.

Die Kunst vergangener Jahrhunderte, sagten wir, hebt sich nur bedingt auf und ist insgesamt nicht ersetzbar. Ihre Gültigkeit, durch die überkommene Bildung bestärkt, ist unzweifelhaft. Verdächtig dagegen sind vielmehr die neu entstehenden Produkte der Kunst, die ihre Gültigkeit allenfalls behaupten, aber mit keinem Mittel, mit keinem Beweis, mit keinem allgemein akzeptierten Maßstab beweisen und erzwingen können.

Wenn der Intellekt und der Verstand mißtrauisch und stets unzufrieden sind, an allem zweifeln außer an dem Unmöglichen, das Bestehende verachten, um auf das Utopische zu setzen, so ist die Vernunft des Herzens konservativ. Nicht die Schärfe des Gedankens, der eindeutige Beweis, die Entsprechung und vollständige Kongruenz des Abbilds bestehen vor dieser Vernunft. Gefragt sind ästhetische und sittliche Tugenden, die ihre Wurzeln unleugbar in der Vergangenheit haben, in überkommenen Werten: Schönheit, Harmonie, Meisterschaft, Vollendung, Trost und Ermunterung, heilsame und beruhigende Weltbilder, das Evangelium, die frohe Botschaft. Es sind Werte, die nicht auf Erkenntnis der Welt zielen, sondern auf Möglichkeiten, in ihr zu leben, dennoch in ihr zu leben.

Ein Widerspruch zweifellos, da alle Forschungen, alle Wissenschaften ja auf dem gleichen Grund beruhen: eine Welt zu erkennen, um in ihr leben zu können. Denn aus dem Unbekannten kommt das uns Tödliche. Der Widerspruch dieser sich gleichenden und doch verschiedenen Funktionen verschiedener Vernunft verweist auf eine Kluft zwischen dem richtig Erkannten und der menschlichen Möglichkeit, damit zu leben. Wir benötigen die Wahrheit über uns und unsere Umwelt, und wir benötigen gleichzeitig einen beruhigenden, beschönenden und verfälschenden Schleier über dem Erkannten, um es aushalten zu können. Diesen milden Schleier kann uns die Vernunft des Herzens liefern, etwa die Kunst. Und wir gestehen ihr dann gern Gültigkeit zu, wenn sich ihre Produkte durch die Patina des Vertrauten ausweisen, durch eine erborgte Patina, durch das überlieferte Muster. Denn nicht die neue Lösung, die neue Erfindung als Reaktion auf eine sich verändernde Welt, vielmehr jene Arbeiten, die die tradierten Muster nicht nur nicht ausschlagen, sondern sich ihrer unverändert bedienen, sind akzeptierbar, annehmbar.

Anders als die neuesten Produkte von Wissenschaft und Technik können die der Kunst ihre aktuelle Nutzung nicht erzwingen. Die traditionellen, bestätigten, gesicherten Produkte behalten für uns ihre Gültigkeit, da die neuen weder den ästhetischen noch den Gebrauchswert überlieferter Kunst außer Kraft setzen. Die neuen Angebote der Kunst auszuschlagen, fällt uns leicht, da ihre Gültigkeit vorerst unbewiesen ist und zweifelhaft erscheint angesichts unserer Maßstäbe. Jede Aussage zu neuesten Werken der Kunst, die diesen Maßstäben nicht gerecht werden können und wollen, wird dann möglich, denn dann ist alles allein von der Subjektivität des Produzenten oder des Konsumenten abhängig. Die Vernunft des Herzens, die darüber zu urteilen hat, spricht mit Sachverstand allein, wenn eine um das Produkt entstandene Aura dieses Produkt gültig und endgültig macht. Freilich verhindert die gleiche Aura den unvoreingenommenen Blick aufs Kunstwerk. Werte und Wertungen werden dann unstrittig, bilden selbst einen Teil der Aura und können allenfalls modifiziert werden.

Die fehlende Aura bei der neu entstandenen Arbeit erlaubt vielleicht einen klaren Blick, aber es ist ein ratloser Blick. Sinn und Unsinn, modern und modernistisch liegen dicht beieinander. Die erstaunlichste, radikale Leistung verstört und irritiert, verstehbarer ist das Verbindliche, verbunden der Tradition, der Erfindung von gestern.

Zum Ende des ersten Drittels des 20. Jahrhunderts legte Walter Benjamin seinen Text »Das Kunstwerk im Zeitalter seiner technischen Reproduzierbarkeit« vor. Die Schrift ist ein Monument seiner Hoffnung. Sie konnte in Deutschland nicht mehr publiziert werden, da dort – anders als in Benjamins Zukunftsprojektionen vorgesehen – eine völlig andere »Arbeiterpartei« zur Macht kam. Dies nahm nie etwas und nimmt nichts von der aktuellen Bedeutung des Textes. Die Realität, oberster Prüfstein aller Praxis, ist taubes Gestein beim Griff ins Unmögliche.

Benjamin, die Aussichten der Kunst im 20. Jahrhundert betrachtend, setzt auf die Reproduzierbarkeit der Kunstwerke, da sie die Autorität der Sache, den falschen Schein, die Aura ins Wanken geraten lasse. Er sieht in der Reproduzierbarkeit die Liquidierung des Traditionswertes, die Befreiung vom Kultischen, das Ende ihrer angeblichen Autonomie. Er erhofft von ihr einen technischen Standard und eine Überprüfbarkeit, wie sie zuvor nur in Wissenschaft und Technik bekannt waren, also eine Auslese, die von bloßer Subjektivität frei ist, da die Apparatur das entscheidende Medium wird. Und er sieht ein neues Verhältnis der Masse zur Kunst: aus einem radikal rückständigen schlage es in das fortschrittlichste um. »Die Reproduktionstechnik«, schreibt Benjamin, »löst das Reproduzierte aus dem Bereich der Tradition ab. Indem sie die Reproduktion vervielfältigt, setzt sie an die Stelle seines einmaligen Vorkommens sein massenweises. Und indem sie der Reproduktion erlaubt, dem Aufnehmenden in seiner jeweiligen Situation entgegenzukommen, aktualisiert sie das Reproduzierte.« Benjamin setzt wie Lenin dabei vor allem auf das Kino, jene Kunst, die an die technische Reproduzierbarkeit gebunden ist und mit ihr entstand. Allen Einwänden – z. B. Huxleys Warnung vor der entstandenen Gefahr der Vulgarität künftiger Kunst durch eben diese Reproduzierbarkeit – begegnet er so lakonisch wie überzeugend mit der Bemerkung: »Diese Betrachtungsweise ist offenkundig nicht fortschrittlich.«

Was Benjamin erhoffte, war eine Umwälzung der gesamten sozialen Funktion der Kunst. Statt ihrer traditionellen Fundierung aufs Ritual sah er – und setzte alles auf – ihre politische Fundierung. Die technische Reproduzierbarkeit bringe die massenhafte Verbreitung, die Verbreitung bei den Massen, ihre Befreiung von jedem elitären, ja, von jedem nationalen Interesse. Der Weltbürger Benjamin hoffte, daß die massenhafte Verbreitung der reproduzierten Kunstwerke zu einer Internationalisierung führt, zu internationalen Maß- und Wertstäben, zu einer Weltkunst. Und in ungebrochener Begeisterung formuliert er jenen Satz, in dem der Drehpunkt des Scheiterns seiner Hoffnungen liegt: »Das reproduzierte Kunstwerk wird in immer steigendem Maße die Reproduktion eines auf Reproduzierbarkeit angelegten Kunstwerks.«

Fünfzig Jahre später konstatieren wir die unaufhörliche Entwicklung der Apparatur, eine grandiose und durchaus revolutionär zu nennende stetige Umwälzung der Technik, aller zur Reproduzierbarkeit jeglicher Künste notwendigen Geräte. Die Möglichkeiten zur Reproduktion – heute wohl noch lange nicht erschöpft, wie uns jährlich die Messen technischer Neuheiten beweisen – sind erstaunlich und faszinierend, und das nicht nur für die professionellen Hersteller von Reproduktionen.

Die massenhafte Verbreitung und Internationalisierung fand statt in einem auch Benjamin nicht erahnbaren Umfang. Was jedoch zu den Massen kam, was nationale Grenzen und beschränkte Interessen dabei überging und hinwegfegte, ist vorerst nicht die Kunst, auch nicht die technisch reproduzierbare, sondern die Apparatur. Die zur massenhaften Reproduktion notwendigen technischen Geräte wurden immer preiswerter und selbst zu einem Artikel des Massenbedarfs. In den Haushalten der ersten Welt – da man in Nordamerika und Westeuropa von einer dritten Welt zu sprechen pflegt, muß es folglich auch eine erste geben, worunter wir wohl Nordamerika und Westeuropa zu verstehen haben – in den Haushalten der ersten Welt können wir bereits heute einen Ausrüstungsstandard zur Reproduktion von Ton- und Filmkunst vorfinden, der die technischen Möglichkeiten einer Filmfirma zur Zeit Benjamins weit übertrifft.

Im Benjaminschen Sinn wäre damit eine Grundlage zur Demokratisierung der Kunst gegeben, eine Voraussetzung ihrer Fundierung auf Politik. Die massenhafte Verbreitung der Apparate für die Reproduzierbarkeit auch von Kunst wäre für Benjamin ein zu begrüßender Schritt zur Liquidierung des Traditionswertes von Kunst und der überlieferten Kunstwerke.

In einer Verlängerung seiner Projektion in die Zukunft ließe sich sagen: Wir stehen heute vor dem Beginn einer umfassenden, generellen Demokratisierung aller Kunst, ihrer Produktion wie ihrer Reproduktion. Produzenten wie Konsumenten von Kunst sind nicht weiter voneinander getrennt. Die Entwicklung der technischen Apparate ermöglicht das Ende der Spezialisten. Jeder hat die Möglichkeit, auch die technische, Kunst zu produzieren. Die Kosten für die Technik der Produktion wie der Reproduktion stellen bereits heute (oder doch in nächster Zukunft) kein unüberwindliches Hindernis dar. Das Einmalige, das genialisch Einzigartige, die Aura der Kunst wurde überrollt von technischen Spitzenleistungen, die in ihrer Wirkungsbreite und dem Bedarf nach unbegrenzten Käuferkreisen Demokratie förderten.

So ließe sich, Benjamins Sicht heute aufnehmend, sagen. Zu diesen euphemischen Tönen haben wir jedoch wenig Anlaß. Der Grund dafür liegt, so meine ich, nicht in einer von Benjamin unvorhersehbaren Entwicklung, einem ungeahnten technischen oder gesellschaftlichen Fortschritt, sondern darin, daß auch das Kunstwerk im Zeitalter seiner technischen Reproduzierbarkeit produziert und reproduziert wird in Gesellschaften, die ökonomischen und politischen Bedingungen unterliegen. Kunst wird produziert und reproduziert in der ersten, zweiten und dritten Welt, in Ländern des Sozialismus und des Kapitalismus.

»Das reproduzierte Kunstwerk«, schrieb Benjamin, »wird in immer steigendem Maße die Reproduktion eines auf Reproduzierbarkeit angelegten Kunstwerks.« Die Technik erzwinge die massenweise Verbreitung, sie erzwinge den Fall aller besonderen Interessen, privater oder nationaler, sie erzwinge die Internationalisierung der Kunst.

Wir haben dagegen heute einen anderen Vorgang zu registrieren. Die durch die Reproduzierbarkeit möglich gewordene massenweise Verbreitung des Kunstwerks führte zu einer Internationalisierung marktführender oder -beherrschender Konzerne, die Produkte der Kunst herstellen, reproduzieren und verbreiten. Hollywood ist nur ein Beispiel, benennt nur einen Bereich dieser Art der Internationalisierung. Die USA sind in den Künsten, die für eine technische Reproduzierbarkeit besonders geeignet sind, weltweit derart erfolgreich, daß nicht grundlos in verschiedenen Ländern der Begriff »US-Kulturimperialismus« aufkam. In einigen Ländern (nicht nur in sozialistischen) werden beschränkende Maßnahmen für diesen beherrschenden Kulturimport erwogen bzw. praktiziert, weil der Fortbestand der eigenen nationalen Kultur gefährdet ist.
Hollywood – ich will bei diesem Namen als Beispiel bleiben, weil er weltweit besonders sinnfällig wurde für das technisch und wirtschaftlich progressivste Kino: die serielle Großproduktion; dabei soll nicht vergessen sein, daß diese normgerechten Filme nicht allein in Nordamerika fabriziert werden, ebenso nicht, daß auch in Hollywood noch Filmkunst produziert wird, wenngleich diese wirtschaftlich gesehen bestenfalls die Größe eines Feigenblatts hat – Hollywood überschwemmte den Globus nicht allein mit seinen Kunstreproduktionen, sondern dadurch auch mit seiner Ideologie und Ästhetik. Hollywoods geschäftlicher Erfolg zwang offensichtlich Filmkünstler sehr verschiedener Länder, Filme herzustellen, die allenfalls den Kunstkriterien Hollywoods genügen. Sich zu unterwerfen, fordert ein Vertrieb und Markt, der diesen Grundsatz aller seiner Geschäfte der profitablen Erfolge wegen fast weltweit praktiziert und erzwingt.

Wenn das reproduzierte Kunstwerk in immer steigendem Maße die Reproduktion eines auf Reproduzierbarkeit angelegten Kunstwerkes ist, so bedeutet das unter diesen Bedingungen, daß die Produktion sich nicht allein den technischen Konditionen der Reproduktion zu unterwerfen hat, sondern auch ihren gesellschaftlichen und ihren politischen. Und jene Kunstwerke, deren technische Reproduzierbarkeit unmittelbar in der Technik ihrer Produktion begründet ist – also vor allem Kino- und Fernsehfilm –, unterliegen diesem Diktat im besonderen Maße.

Die von Benjamin begrüßte Internationalisierung des Films brachte der Filmproduktion in den kapitalistischen Ländern den für internationale Produktionen üblichen Standard: Produktion innerhalb eines marktbeherrschenden Konzerns. Das nationale Interesse wurde internationalisiert, und wo das Interesse Kapital heißt, fielen die beschränkenden Grenzen zugunsten eines unbeschränkten Kapitalinteresses. Die Internationalisierung des Films erhöhte zwangsläufig seinen Marktwert. Und der über nationale Möglichkeiten hinausgehende Wert ist berechenbar, er ist das Verhältnis von Kosten und Profit. Mit seiner Internationalisierung hat der Film eine neue Ästhetik erhalten: den internationalen Erfolg, der nun vor jedem anderen Interesse zu stehen hat. Die von Benjamin erhoffte Fundierung auf Politik bei einer Massenkunst mußte ausbleiben, wo der Profit das Fundament darstellt.

Benjamin setzte auf die Liquidierung des Rituals, des Tradierten, auf das Ende der Aura des Kunstwerks. Die von internationalen Konzernen verwaltete Filmkunst zerstörte tatsächlich dieses Beziehungsgefüge. Doch wurden diese Begriffe auch unbrauchbar, sie wurden nicht verworfen, sondern in einem neuen Geflecht von Beziehungen und mit teilweise veränderten Inhalten wiederbelebt. Ritual und Aura, Genialität und Einzigartigkeit wurden geläufige Begriffe der Massenkunst, deren jeweilige Namen rasant wechseln, um überleben zu können. Ihre Inhalte entbehren nun jedoch des Geheimnisses. Ihre Anwendung wurde kontrollierbar, da sie den gleichen Interessen unterworfen ist wie die Kunstwerke. Die Zusammenhänge und Beziehungen, ihr ganzes Traditionsgefüge wie die Bedingungen der Originalität schrumpften auf das Reproduzierbare, auf das Verwertbare.

Der arme Poet, das unglückselige Genie – das waren die personifizierten Wahrzeichen einer Kunst, die traditionellen Vorstellungen entsprach. Eine Kunst im Zeitalter der profitablen Reproduzierbarkeit benötigt andere Sinnbilder. Eine Möglichkeit: ein subalterner Mensch in gebeugter Haltung, vor dem Schreibtisch eines Chefs der Reproduktionsindustrie stehend.

Die Reproduktion bestimmt die Produktion des Kunstwerks. Sie bestimmt sie nicht allein – wie Benjamin hoffte – technisch, sondern auch politisch. Die bestimmende Reproduktion ist selbst bestimmt vom Verkauf, vom Erfolg. Die Abhängigkeiten sind eindeutig, offen, geheimnislos. Genialität und Einzigartigkeit, Ritual und Aura wurden tatsächlich unbrauchbare Begriffe für diese Produktion und werden, so sie noch zur Anwendung gelangen, allein zur Etikettierung einer Ware benötigt, die nach völlig anderen Kriterien produziert und reproduziert wird. Die überkommenen Begriffe haben dieser Ware den Hauch einer geistigen Atmosphäre zu geben, deren Abwesenheit in der Produktionsphase der Ware Voraussetzung war. Die überkommenen Begriffe haben dem Konsumenten eine Produktionsweise zu suggerieren, die ihm das angebotene Produkt annehmbar, erträglich und wertvoll macht. Die Begriffe haben die Anwesenheit eines menschlichen Erzeugers, eines Künstlers vorzuspiegeln, da dieser für den Konsumenten von Kunst noch immer unverzichtbarer Bestandteil dieser Art Ware zu sein scheint.

Das traditionelle Etikett hat die Tatsachen zu verschleiern. Der kapitalistische Reproduktionsprozeß hat die künstlerische Produktion in jenem Bereich, der durch seine Technik besonders eingreifend von der Reproduktionsindustrie bestimmt wird, längst vom Künstler als Urheber und Schöpfer befreit. Kino- und Fernsehfilm sind in ihrer gesamten Produktionsphase damit kontrollierbar und beherrschbarer geworden. Mit der Aura und dem Geheimnis starb das Unvorhersehbare, damit auch das unkalkulierbare geschäftliche Risiko. Kunst wurde zu einer Produktion, die nicht mehr an den Künstler und das Talent gebunden ist, sondern sich vom zufälligen Ingenium befreite und abstimmbar wurde. Sie als demokratisch zu bezeichnen, hindern uns die Eigentumsverhältnisse, denn abzustimmen haben die Eigner der Reproduktionsindustrie und ihre Verwalter. Aus diesem Grund werden uns über die Ästhetik und Philosophie des Hollywoodfilms das Management und die Buchhaltung das Aufschlußreichste sagen können, da sie die entscheidende künstlerische Befugnis haben.

Das Kunstwerk im Zeitalter der Reproduktionsindustrie ist berechenbar geworden. Mit einem geeigneten Instrumentarium ist es zu koordinieren und in jedem Detail vorherzubestimmen – wie jede andere Produktion der Industrie.

Vor mehr als fünfzig Jahren besuchte Luis Buñuel für sechs Monate Hollywood. In seinen Memoiren berichtet er:

»In meinen nicht gerade seltenen Mußestunden hatte ich

ein ziemlich seltsames Ding erdacht und gemacht ... nämlich eine synoptische Tabelle über den amerikanischen Film.
Auf einer großen Pappe oder Holzplatte brachte ich, mittels Schnüren leicht zu bewegen, mehrere Rubriken an. Die erste Rubrik zum Beispiel für das Milieu: Pariser Milieu, Western, Gangster, Krieg, Tropen, Komödie, Mittelalter und so weiter. Die zweite Rubrik betraf die Epoche, die dritte die Hauptfiguren und so weiter – es waren etwa fünf Rubriken.
Das Grundprinzip war das folgende: Das amerikanische Kino funktionierte nach einem so mechanischen, festgelegten System, daß, wenn man ein bestimmtes Milieu, eine bestimmte Zeit, bestimmte Figuren auf eine Reihe brachte, dank meines Schnursystems todsicher auch die Hauptgeschichte herauskam.
Mein Freund Ugarte, der über mir im selben Haus wohnte, beherrschte den Mechanismus meiner synoptischen Tabelle aus dem Effeff. Ich muß noch ergänzen, daß vor allem die Auskünfte über das Schicksal der weiblichen Hauptfiguren, die man dank meiner Tabelle bekommen konnte, außerordentlich genau und zuverlässig waren.«
In der gleichen Zeit, in der Benjamin seine Hoffnungen zur Entwicklung der Kunst unter den Voraussetzungen ihrer technischen Reproduzierbarkeit formuliert, entdeckt Buñuel ihren Algorithmus. Von der eigenen Beobachtung offenbar verwirrt, nennt er sie »ziemlich seltsam«. Uns ist dieser Algorithmus geläufiger geworden, da die Reproduktionsindustrie ihn seitdem nicht nur für die USA durchzusetzen versucht und dabei keinesfalls erfolglos ist.
Die neuesten Produkte dieser weltweit reproduzierten Filme und Serien bedienen sich strenger denn je des Algo-

rithmus, ihre Berechenbarkeit unterliegt einer ausnahmslosen Stringenz.

Es bedarf nicht mehr des bösen und erfahrenen Blicks eines Kollegen im Handwerk wie Buñuel, um den Mechanismus zu erkennen. Die Mechanik ist für das Publikum sichtbar geworden. Und das beeinträchtigt keineswegs die Konsumtion dieser Produkte, sondern ist ein Faktor ihrer Wirkung geworden. Das Publikum ist versichert, durch nichts verschreckt, verwirrt oder beunruhigt zu werden. Situationen und Ablauf der Geschichten sowie die Konstruktionen der Personen bewirken ein unendliches Déjà-vu-Erlebnis des Publikums.

Das Überraschende, das Ungewisse, die Spannung, das suspense, sie sind der unaufhörlichen Wiederholung untergeordnet. Der Schrecken ist immer vorhersehbar, das plötzlich eintretende Ereignis war lange zuvor bekannt. Gleichförmigkeit und Wiederholung sind die Fundamente dieser Dramatik. Was ermüdend langweilig ist, es ist auch bekannt und vertraut. Das Anheimelnde schafft Genuß und das unaufhörliche Gleichmaß der Bewegung eine bewohnbare Idylle. Die Katastrophe wie das happy-end sind von sich gleichender Gemütlichkeit.

Der Erfolg dieser Kunst ist ihre Berechenbarkeit. Der Konsument kauft keine Katze im Sack, die gewünschten und gern bezahlten Informationen sind ihm längst bekannt. Er kauft die Verlängerung des ewig Gleichen. Diese Berechenbarkeit ermöglicht die Berechenbarkeit der Produktion, sie erzwingt die Automation der künstlerischen Produktion.

Bei einem flüchtigen Blick auf die allgegenwärtigen Fernsehserien erkennen wir die bewußt einfachen Methoden ihrer Dramaturgie, deren sie sich mechanisch und ausnahmslos bedienen. Ihr Ablauf und das Ineinandergreifen der Teile ist so korrekt und überraschend wie der Gang eines Uhrwerks.

Das zentrale Prinzip der Seriendramaturgie ist das der phasenverschobenen Sinuskurven. Die Kurven der Geschichten sind ineinander verschränkt. Ständig beginnen Geschichten (d. h., die Kurve befindet sich bei minus 1), entwickeln sich oder laufen aus (das ansteigende oder abfallende Kurvensegment) oder befinden sich auf dem Höhepunkt der Katastrophe bzw. des happy-ends (die Kurve ist auf ihrem Scheitelpunkt plus 1). Die Kurven der verschiedenen Teilgeschichten sind dabei so ineinander verschoben, daß zu jeder Zeit möglichst alle Kurvenpunkte zwischen minus 1 und plus 1 von verschiedenen Kurven (d. h. Geschichten) belegt werden, so daß immer das Interesse angesprochen ist, das Bedürfnis nach Spannung und Harmonie befriedigt wird, während gleichzeitig neue Kurven (neue Geschichten) vorbereitet oder zu einem Abschluß geführt werden.

Aus diesem Prinzip der phasenverschobenen Kurven ergibt sich, daß eine Serie in Abhängigkeit von der Anzahl der Serienteile entsprechend viele Kurven (Geschichten, Spannungsbögen) zu präsentieren hat. Eine Gesamtserie muß daher eine Vielzahl mehr oder weniger zusammenhängender, einzelner Geschichten bieten. Und folglich hat jeder Serienteil eine einfache, leicht überschaubare Geschichte vorzustellen, die aus der quantitativen Vielfalt so herausgelöst ist, daß eine einzelne Kurve vor dem Hintergrund eines stets vorhandenen, abrufbaren Netzes von Kurven deutlich wird und vorübergehend vorherrscht, also das Interesse bedient.

Das Kurvenprinzip bedingt den Grundsatz des Nicht-Endgültigen. Alle Katastrophen und happy-ends haben immer nur scheinbar endgültige Schlußpunkte zu sein, die im weiteren Verlauf der Serie beliebig aufgehoben und korrigiert werden können. Die spätere Korrektur muß als – noch nicht erkennbarer – Spielansatz bereits in der sich entwickelnden Teilgeschichte und ihrem scheinbar endgültigen Abschluß vorhanden sein, um der späteren Korrektur den Hauch von Wahrscheinlichkeit zu geben.

Und so wie sich die Kurven der einzelnen Geschichten beliebig fortsetzen lassen, also in der Tendenz endlos sind, sind sie es auch im Anfang: jede Geschichte kann nach dem gleichen Kurvenprinzip beliebig viele abrufbare Vorgeschichten haben. Die Kurven sind nach beiden Seiten offen und endlos.

Selbst der Tod hat in dieser Endloskurven-Dramaturgie jede Autorität verloren. Wenn eine Auferstehung glaubhaft zu machen ist und das Unwahrscheinliche das Publikum nicht verunsichert, so ist der Tote jederzeit wieder rekrutierbar, die tote Spielfigur wie der tote Schauspieler.

Die Mechanik der Seriendramaturgie zeigt, wie die technische Reproduzierbarkeit rückwirkend eine technische Produzierbarkeit dieses Kunstgenres ermöglichte und bedingte.

Eine ausreichende Kenntnis des formalisierten Ablaufs vorausgesetzt – und das Gesagte umreißt, wie gering diese Kenntnisse sein müssen –, ist es bereits bei dem heutigen Entwicklungsstand der Computer für jeden Programmierer kein Problem, das Programm beliebiger Serien zu schreiben, ja, auch ein einziges Programm für beliebig viele Serien.

Ein ausreichender Apparat von Sprachfloskeln und umgangssprachlich reduzierter Topoi, eine Auflistung standardisierter Konflikte, eine Auswahl gängiger, einschlägig handhabbarer Charaktere mit der ihnen jeweils möglichen (glaubhaften, wahrscheinlichen) Handlungs- und Gefühlsskala, ein wertender Katalog filmischer Schauplätze sowie nach Wirkungen abgestufte Verzeichnisse von Kostümen, Masken, Statussymbolen etc. reichen als Grundstock eines computerisierten Programms zur automatischen Verfertigung von Fernsehserien aus.

Ein hinlänglicher Fundus dieser Informationen vorausgesetzt – und die Serien zeigen, daß die gewöhnliche Norm mit einem Minimum der Möglichkeiten zu erreichen ist –, ist die unendliche Herstellung unendlicher Serienscripte allein eine Frage der korrekten Benutzung des Computers und der eingespeicherten Daten, des Kurvenverlaufs und einer glücklichen Hand beim Randomprinzip, der Nutzung der Zufallszahl. Eine menschliche Kontrolle oder Korrektur würde diese Kunstproduktion nicht nur zeitlich verzögern, sie könnte den optimierten Kurvenverlauf gefährden, also das Kunstprodukt ruinieren. Die Abwesenheit des Menschen gehört also zu den Voraussetzungen dieser Kunst.

Eine Ausnahme ist nur dann zulässig, wenn zusätzliche Daten eingegeben werden müssen, deren vorherige Programmierung zu aufwendig wäre, z. B. die thematische Nutzung heikler Themen, gesellschaftlicher Tabus, seien sie politischer, sexueller, rassischer, militärischer oder religiöser Natur. Diese zusätzlichen Daten sind schwer programmierbar, da sie Veränderungen und Bewegungen der Öffentlichkeit unterliegen und folglich als fixe Werte nur bedingt handhabbar sind. Sie dennoch in das aktuelle Programm mitaufzunehmen, gebietet der Reproduktionsmechanismus. Das schnelle Reagieren auf neue öffentliche Standards beweist scheinbar Ingeniosität, Mut und Avantgardismus der Serie.

Aus alldem folgt, daß die Herstellung heute üblicher und bekannter Fernsehserien durch programmierte Computer nicht mehr nur denkbar ist. Die Möglichkeiten des Automaten, umfassender und schneller als jeder Mensch alle verfügbaren und bekannten Daten zu prüfen und zu verknüpfen sowie den dramaturgisch optimalsten Weg, also die wirkungsvollste Sinuskurve, zu finden, prädestinieren ihn zum Schöpfer dieser Kunst. Der Einsatz des Computers für eine durch technische Reproduktion und Marktabsatz bestimmte Produktion ist daher sinnvoll und ökonomisch. Er ist technisch und profitpolitisch erforderlich.
In Kenntnis der heutigen auf technische Reproduzierbarkeit angelegten Kunst und der modernen technischen Möglichkeiten sowie der allen erkennbaren Folgen eines um Effizienz dieser Produkte kämpfenden Managements wird als Folgerung unabweisbar: Der Computer als Produzent dieser Kunst entspricht dem erreichten Standard unseres Zeitalters.
Es ist nun nur ein kleiner und wohlbegründeter Schritt, wenn ich – auf der Grundlage meiner Beweiskette – die Behauptung aufstelle, daß diese Serienkunst bereits in praxi von Computern produziert wird. Denn da die technischen Voraussetzungen gegeben sind und die Produkte das durch Automation erreichbare Niveau nicht überschreiten, würde ein Zweifel am tatsächlichen Einsatz der Computer die Fähigkeit der kapitalistischen Unterhaltungsindustrie bezweifeln, profitabel zu arbeiten. Es gibt keinen unsinnigeren Vorwurf, den man ihr machen könnte.
Maelzels Schachspieler ging nach Hollywood.
Die alte Konstruktion Ritter von Kempelens von 1768 war, wie Poe schlüssig nachwies, eine Maschine, die ein in ihr versteckter Mensch bediente. Das 18. Jahrhundert, in dem

dieser vorgebliche Automat gebaut wurde, und noch das 19. Jahrhundert, in dem dieser betrügerische Vorgriff auf eine nahe Zukunft durch die Welt reiste und sich bewundern ließ, waren noch weitgehend ungekränkt in ihrem Bild des Menschen, dem die Erde untertan ist. Die Hybris des Humanismus, die den Menschen zur Krone der Schöpfung erhob und nichts Gewaltigeres als ihn kannte, war nur zu schockieren durch eine Maschine, die – von Menschen zwar erfunden – eine eigene, unabhängige Intelligenz zu besitzen schien. Maelzels Betrug mußte deshalb als Sensation wirken, weil sein Schachspieler ein endgültiger und technischer Schlußstrich unter die europäische Kultur zu sein schien. Das Wort vom Maschinenzeitalter wurde vor den Maschinen geboren.

Maelzels neuer Schachspieler, mit dem nun Hollywood um die Welt reist, ist wiederum eine Konstruktion, die eine Maschine und einen Menschen in der betrügerischen Absicht koppelte, das Interesse des Publikums zu fesseln. Die Maschine ist nun tatsächlich in der Lage, die gewünschten Resultate in jeder beliebigen Menge zu liefern, Kunst als unaufhörliche Reproduktion von Kunst.

Der Mensch dieser Maschine ist nicht mehr in ihr versteckt, im Gegenteil, er ist es, der die Maschine zu verstecken hat, den eigentlichen Schöpfer. Die einzige Funktion dieses Menschen ist es, präsent zu sein. Vor den Augen des Publikums hat er vor der Maschine auf und ab zu gehen und blinkende Knöpfe zu bedienen, um den Eindruck zu erwecken, daß dieser Automat nichts anderes sei als ein traditionelles Handwerkszeug, eine technische Verlängerung der menschlichen Hand, dem Hammer und der Säge vergleichbar. Er ist engagiert, um dem Publikum scheinbar zu beweisen, die Maschine liefere die unaufhörlich über sie stürzenden Folgen einer verbrauchs- und verkaufsorientierten Serienkunst allein dank seiner entscheidenden, unentbehrlichen Handgriffe. Seine Anwesenheit hat die ungebrochene menschliche Fantasie und Schöpferkraft zu beweisen. Er hat den Produkten der Maschine jenen traditionellen Schein zu geben, ohne den für das Publikum Kunst nicht möglich ist, nämlich die Aura des Geheimnisses von Schöpfertum und Genialität. Er hat dem Maschinenprodukt jenes menschliche Siegel zu geben, ohne das für den Konsumenten auch die einfältigsten Formen der Unterhaltungskunst nicht annehmbar sind. Und je eindeutiger die Maschine dominiert und ihre Produkte die automatische, serielle Fertigung verraten, um so heftiger hat der ihr zugeordnete Mensch zu agieren. Er hat seine Person zu einem Potemkinschen Dorf zu machen, hinter dem der tatsächliche Produktionsablauf verschwindet. Er ist die Fassade, die den Verkauf garantiert, das Glamourbild personality.

Hier liegt auch einer der Gründe, daß die interpretierenden Künste in diesem Jahrhundert gewichtiger wurden. Der überlebensgroße Interpret einer Kunst, die er zu präsentieren und deren serielle Fertigung er zu verstecken hat.

Die technische Reproduzierbarkeit der Künste hat ihre Kapitalabhängigkeit nicht bewirkt, aber sie hat diese in einem bisher ungekannten Maß gesteigert und die Verdrängung des Menschen als künstlerischen Produzenten aus der Produktion ermöglicht. Das Kapital kann nun störunanfällig mit Apparaten produzieren, die nach einem einmalig vorgegebenen Programm endlose Verlängerungen zu geben imstande sind. Das Risiko, mit menschlichen Schöpfern zu arbeiten, die von Stimmungen abhängig sind, von einer kaum lenkbaren Psyche, von den unberechenbaren Einfällen ihres

Talents, wurde mit dem Einsatz der Maschinen auf Null reduziert. Ein gleichbleibender Service der Computer kann von ihren Herstellern garantiert werden.
Das mit sich identische Produkt der seriellen Fertigung von Kunst, verbunden mit einer nicht für die Produktion, jedoch für den Verkauf notwendigen personality des Interpreten, erreichte einen früheren Jahrhunderten unbekannt großen Markt.
Und diese Produkte formen ihre Konsumenten.
Benjamins Hoffnung auf ein aufgeklärtes Massenpublikum entbehrten schon im zeitgenössischen Ansatz jeder Grundlage. Sie gründete sich auf Zufälligkeiten und fragwürdige Vergleiche (er setzte Chaplin gegen Picasso, um ein fortschrittliches Verhältnis der Massen, bedingt durch die technische Reproduzierbarkeit, auszumachen; wir dagegen könnten heute – angesichts der tatsächlichen Massenkunst Fernsehen – Fortschritt bestenfalls in einer noch so fragwürdigen Haltung des Publikums dem Surrealismus gegenüber feststellen). Benjamins Hoffnung war getragen von einer ungebrochenen Zukunftsgläubigkeit und von den wirklichen Möglichkeiten im Zeitalter der technischen Reproduzierbarkeit von Kunstwerken. Er abstrahierte allerdings dabei völlig von der Tatsache des Kapitals.
Diese Massenkunst hat nicht nur sich von Kunst und Wirklichkeit entfernt, sondern ihr gelang es, auch ihr Publikum in gleicher Haltung zu erziehen. Mag zum Beginn unseres Jahrhunderts das Verhältnis der Masse etwa zu Picasso das – wie Benjamin schreibt – rückständigste gewesen sein, es war insofern noch progressiv, als es überhaupt noch ein Verhältnis war. Die heutige Massenkunst absorbiert ihre Massen so vollständig, daß diese die neuen Kunstprodukte nicht einmal wahrnehmen können und folglich nicht einmal zu

einem rückständigen Verhältnis der modernen Kunst gegenüber zu bewegen sind.

Der Erziehungs- und Bildungsprozeß der Massen durch die Massenkünste Film und Fernsehen hat Wirkungen auf den gesamten Kunstbereich. Unschwer läßt sich unter diesen Verhältnissen bereits heute bei einem großen Teil der Buchproduktion wie des Theaters hinter der personality eines Schöpfers und Künstlers die profitprogrammierte Maschine entdecken. Die ghostwriters allerdings sind nicht die Computer, sondern die von Marktforschung und Profit diktierten Programme eines möglichst weltweiten Absatzes.

Unter diesen Verhältnissen ist alles nur noch von einer Kunst zu erwarten, die sich der Reproduktionsindustrie entzieht bzw. von ihr als nicht verwertbar angesehen wird. Unter diesen Verhältnissen wird der Elfenbeinturm ein frech-avantgardistisches und revolutionäres Bauwerk und das einzigartige Talent mit seiner Aura von Geheimnis und Genialität zur sozial verantwortungsvollen Gegenposition. Progressiv wird der Rückgriff in eine reiche Tradition und die traditionelle Haltung zum utopischen Griff in eine menschen- und kunstfreundlichere Zukunft. Denn die technische Reproduzierbarkeit des Kunstwerks ermöglicht unter diesen Verhältnissen keine Liquidierung des Kultwertes und keine praktische Aneignung des Kunstwerkes, sondern allein die Allgegenwart des Marktes.

Benjamins Prophetie trog. Sie gründete allein auf Hoffnungen und auf einem unbedingten Willen zur Hoffnung.

Die technische Reproduzierbarkeit löschte großflächig die Imponderabilien in der Kunst, um dem technischen Gerät die Reproduktion zu ermöglichen. Und die massenweise Verbreitung setzte der zu verbreitenden Kunst eine neue Ästhetik, deren alles umfassender Grundsatz in der Forderung nach Konsens mit dem stets angestrebten Gesamtpublikum besteht. Übereinstimmung und gemeinsamer Nenner, Gleichheit und Gemeinsamkeit, es sind wieder die demokratischen Spielregeln, die Demokratie verhindern.

Die Quantität erbrachte – bevor sie zu einer Qualität gelangen konnte – für das reproduzierte Kunstwerk das bevormundende und beherrschende Interesse des Marktes oder des Staates. Die Möglichkeit demokratischer Teilnahme des Publikums am Kunstwerk und seiner Produktion, die vermittels der größeren Verbreitung statt der Aura den Gebrauchswert zum Kriterium seiner Qualität setzt, bestand zu keiner Zeit. Statt dessen erlaubte die massenhafte Reproduktion den Zentralismus in der Kunst und ermöglichte damit die nahezu vollständige Kontrolle der gesellschaftsbeherrschenden Kräfte in einem Bereich, der zuvor als zu entlegen, verworren und wirtschaftlich bedeutungslos galt.

Für den Markt sind Ästhetisierung der Politik wie auch Politisierung der Kunst zu austauschbaren Programmen geworden. Er ordnete sie sich unter und nutzt ihre Unvereinbarkeit als breite Palette des Angebots. Die letzten Jahrzehnte brachten erstaunliche Wechsel, und erfolgreich reproduzierbar war vorübergehend jede Haltung. Der Markt war nie Purist.

Mit der Möglichkeit der technischen Reproduzierbarkeit entstand für das Kunstwerk die Verpflichtung, massenweise absetzbar zu sein. Der Markt setzte als einzig gültigen Prüfstein für Kunst seinen einzigen Wert: den materiellen Erfolg. »Goethe (Voltaire ...) hat ihn gelobt«, war das würdigend-fragwürdige Sigel für Qualität im Zeitalter der handwerklichen Produktion. Nun stehen an der gleichen Stelle und mit gleicher, wenn auch unbezweifelbarerer Be-

deutung die Zahlen der Produktionskosten des Kunstwerks und seines Marktanteils.
Der Markt kennt keinen Dissidenten, da er allumfassend ist, allgegenwärtig und allmächtig. Was für den Markt nicht existiert, ist nicht. Und alles, was vernünftigerweise existiert, ist auf dem Markt. Jede Verweigerung, jeder Widerstand sind so lange nicht wirklich, wie der Markt sie nicht wahrnimmt. Und sie beginnen zu existieren, sobald die Verweigerung und der Widerstand verwertbar und reproduzierbar werden. Je heftiger und radikaler dabei das Kunstwerk gegen den Kunst-Markt steht, um so gewisser die künftige massenweise Reproduktion. Jede Haltung wird dadurch zur Pose.
Wo statt des Marktes der Staat die technische Reproduktion des Kunstwerks bestimmt und überwacht, werden die Werte des Marktes nicht oder nur eingeschränkt anerkannt.
Im Zeitalter der traditionellen (handwerklichen) Reproduktion von Kunst blieben die Massen von der Konsumtion des Kunstwerks weitgehend ausgeschlossen. Das erleichterte die Großzügigkeit, selbst die Libertinage des staatlichen Zensors. Die staatliche Macht konnte da zum Mäzen werden, wo nur sie selbst und die staatstragenden Kräfte Konsument waren. Das änderte sich in dem Maße, wie Kunst reproduzierbar wurde. Mit der Erfindung des Buchdrucks begann das Absterben des Staates als Mäzen. Anders gesagt, der staatliche Mäzen konnte der massenhaften Reproduktion nicht mehr allein mit förderndem Eingreifen begegnen. Dies wurde nun durch andersartig wirkende Maßnahmen ergänzt, die ihn zum Zensor machten.
Neue oder doch andere Werte wurden nun gesetzt. Und diese Werte wechseln, sie unterliegen selbst – und völlig anders als das stets ungekränkte Geld – gesellschaftlichen Ent-

wicklungen. Gralshüter dieser anderen Werte wurde die Bürokratie, die durch ihre allesumfassende Verwaltung und die beständig veränderbaren Bestimmungen unfehlbar ist. (Für jeden Staat ist Unfehlbarkeit lediglich eine Frage präventiv veränderbarer Gesetze.) Aber die Unfehlbarkeit wacht über ungesicherte, sich wandelnde Werte, wodurch die Lebensdauer der unfehlbaren Urteile stark eingeschränkt ist.

Aber nicht allein der Wechsel der Werte und die verschieden möglichen Interpretationen des Kunstwerks im Verhältnis zu den staatlichen und gesellschaftlichen Normen erschweren die Reproduktion. Es fehlt nicht allein die Eindeutigkeit, erschwerend vor allem ist die nichtmaterielle Existenz der Werte. Der »Tartuffe« ist ein Stück über die Schwierigkeiten einer Gesellschaft, in der das Geld nicht den einzigen und vornehmsten Wert darstellt. »Timon von Athen« dagegen spricht von der Einsetzung des Geldes und der Vernichtung aller anderen Werte. War zuvor der verarmte Edelmann noch immer ein Edelmann, so ist er nun nur noch verarmt. Die Heuchelei war ein Problem des Feudalismus und wird es für jede Gesellschaft, die andere (ideelle) Werte als das Geld setzt. Dem Kapitalismus ist die Heuchelei fremd: Geld ist die einzige Tugend, die man nicht heucheln kann.

Diese Schwierigkeiten begünstigen das Anwachsen der Bürokratie im Sozialismus und fördern die fortgesetzte Delegierung von Entscheidungen. Wo jedes Urteil sowohl unfehlbar als auch in kürzester Zeit hinfällig ist, wird das zwischen den Schreibtischen wandernde Papier, der unerledigte Vorgang zur Staatsräson. Produktion wie technische Reproduktion werden – was immer sie sonst sind – somit zu fortgesetzten Angriffen auf die Bürokratie, da sie unaufhörlich Entscheidungen herausfordern, die hinauszuzögern das Lebenselixier der Bürokratie ist. Eben dadurch wird das Kunstwerk, unabhängig von seinem Inhalt und seiner künstlerischen Tendenz, politisiert und wirkt selbst politisch. Was die Bürokratie zu verhindern sucht, sie erschafft es.

Die technische Reproduktion des Kunstwerks ließ die Bedeutung des Marktes und der staatlichen Bürokratie in dem Maß anwachsen, wie das Kunstwerk massenhaft reproduziert werden konnte. Aber wo der Markt jeden Wert zum Marktwert umfunktionieren kann, steckt die Bürokratie in dem unerwünschten Dilemma, alles zu politisieren.

Da der Markt allgegenwärtig ist, kann nichts wirklich werden, ohne einen alles prägenden Marktwert zu bekommen. Jeder politische Wert hat einen in Geld ausdrückbaren oder überhaupt keinen und damit auch keinen politischen mehr.

Dagegen erhält alles, was die Bürokratie berührt – auch wenn der Eingriff nur in der Absicht erfolgt, das Werk zu entwerten, wertlos zu machen –, politischen Wert. Nur was sie nicht wertet, bleibt wertlos. Aber diese Art von Makulierung zu nutzen ist ihr bei Strafe des eigenen Untergangs verwehrt: wo sie nicht eingreift, hört sie auf zu existieren.

Das Zeitalter der technischen Reproduktion machte das Kunstwerk zum Medium des Marktes oder der Bürokratie. Die Qualität dieser Medien liegt nicht in der Quantität erreichbarer Konsumenten, denn die größere Öffentlichkeit wird mit den größeren Einschränkungen erkauft. Ihre Qualität liegt in der Radikalisierung der Mechanismen des Marktes und der Bürokratie, denen sie jeden verschämten Schein nahmen. Das massenhafte Erscheinen des Kunstwerkes durch die Möglichkeiten seiner technischen Reproduktion ließ von der Freiheit des Marktes allein den Markt übrig und vom kunstsinnigen Mäzen den Zensor.

Ich teile dennoch Benjamins Hoffnungen. Es sind Hoffnungen trotzend der Erfahrung, Hoffnungen trotz der Geschichte auf die Geschichte. Weil es Hoffnungen sind, zu denen es keine menschliche Alternative gibt.

Als junger Mann erwarb Benjamin auf einer Münchener Paul-Klee-Ausstellung ein Blatt des Malers. Benjamin beschrieb das Blatt zwanzig Jahre später mit den folgenden Worten:

»Es gibt ein Bild von Klee, das Angelus Novus heißt. Ein Engel ist darauf dargestellt, der aussieht, als wäre er im Begriff, sich von etwas zu entfernen, worauf er starrt. Seine Augen sind aufgerissen, sein Mund steht offen und seine Flügel sind ausgespannt. Der Engel der Geschichte muß so aussehen. Er hat das Antlitz der Vergangenheit zugewendet. Wo eine Kette von Begebenheiten vor uns erscheint, da sieht er eine einzige Katastrophe, die unablässig Trümmer auf Trümmer häuft und sie ihm vor die Füße schleudert. Er möchte wohl verweilen, die Toten wecken und das Zerschlagene zusammenfügen. Aber ein Sturm weht vom Paradiese her, der sich in seinen Flügeln verfangen hat und so stark ist, daß der Engel sie nicht mehr schließen kann. Dieser Sturm treibt ihn unaufhaltsam in die Zukunft, der er den Rücken kehrt, während der Trümmerhaufen vor ihm zum Himmel wächst. Das, was wir den Fortschritt nennen, ist dieser Sturm.«

Von den unabdingbaren Voraussetzungen beim Kleist-Lesen

Vor 25 Jahren reiste ich von Berlin nach Warschau, um dort eine Aufführung des PRINZEN VON HOMBURG zu sehen. Es war keine polnische, keine warschauer Inszenierung des Kleistschen Stücks, sondern das Gastspiel eines berliner Theaters.

Den Zeitumständen war es geschuldet, daß ich, im Ostteil Berlins wohnend, diese Aufführung eines Theaters des westlichen Stadtteils nur sehen konnte, wenn sich jenes Theater und ich auf eine längere Reise begaben, länger als die berliner Stadtbahn dafür vorsieht.

Es war den Zeitumständen geschuldet, sagte ich, und ich ahne, daß ich bereits in wenigen Jahren einiges mehr zu erklären hätte, denn diese Umstände waren so außergewöhnlich, daß bereits die nächste Generation diesen Umstand ungläubig bestaunen und für nicht glaubhaft ansehen wird. So wie Mitte der 80er Jahre in dem geteilten Land und der geteilten Stadt eine Generation in Ost und West heranwuchs, der nicht mehr vorstellbar war, daß Land und Stadt anders geordnet und denkbar sein könnten als eben geteilt durch eine unüberwindliche, unveränderbare Grenze. Die gebrechliche Einrichtung der Welt ist nur erträglich, weil wir rasch vergessen und vergessen können und weil es an Fantasie gebricht, uns eine andere Einrichtung vorzustellen als jene, in der wir leben, eine andere, die freilich ebenso fragil und fragwürdig wäre.

Ich fuhr nach Warschau, um den PRINZEN VON HOMBURG der gastspielenden westberliner Schaubühne zu sehen. Am Abend zuvor wurde das FEGEFEUER IN IN-

GOLSTADT der Marieluise Fleißer gegeben, und das warschauer Theaterpublikum feierte das Ensemble, begeistert von der Inszenierung, aber auch von dem Stück, das eine deutsche Kleinstadt auf die Bühne stellt, eine Kleinstadt mit der Freizügigkeit und geistigen Größe einer Klosterschule, gezeichnet von der Disziplin, der Zucht und den Zwängen des Katholizismus und des Kleinbürgertums. Die Theatergänger des katholischen Warschau waren fasziniert der Aufführung gefolgt.

Am folgenden Abend stand der PRINZ VON HOMBURG auf der Bühne, um sein Vergehen eines voreiligen und nicht befehlsgerechten Angriffs zu verteidigen und schließlich willig zu akzeptieren, daß selbst ein Sieg nicht eine Disziplinlosigkeit entschuldigen oder gar aufheben könne. An diesem Abend fiel der Beifall knapp aus, das Publikum reagierte kühl, was um so auffälliger war, da diese Kleist-Aufführung keinesfalls der Inszenierung des Fleißer-Stückes nachstand und in den deutschen Zeitungen allerhöchstes Lob erhalten hatte.

Als ich mit meinen polnischen Freunden das Theater verließ, erkundigte ich mich nach dem Grund für die mir nicht erklärliche Reserviertheit des Publikums. Man sagte mir, das Stück sei in Polen kaum bekannt, werde nicht aufgeführt und gehöre daher auch nicht – anders als in Deutschland – zum Repertoire des Theaters. Ich fragte weiter, da für mich die vorgebrachten Gründe selbst erklärungsbedürftig schienen, und einer der polnischen Bekannten, ein Professor der warschauer Universität und ein Sprachen- und Schriftgelehrter, sagte zu mir: Ach, weißt du, mein Freund, das Problem deines deutschen Homburg, das hätten wir bei einem Gläschen Wodka geklärt.

Ist der HOMBURG ein bizarr deutsches Stück und Kleist

offenkundig ein ausnehmend deutscher Autor? Von den Deutschen bewundert und geliebt, aber doch so deutsch, daß sie sich hinter der Grenze nur schwer Aufmerksamkeit verschaffen können? Immerhin, Kleists Kohlhaas hat sich weltweit einen Namen verschafft, und rüstige und originäre Nachkommen des Kohlhaas haben sich nicht nur im Mecklenburgischen gezeigt.

Goethe freilich tadelte Kleist und seinen Kohlhaas. Ihm mißfiel, so jedenfalls wurde es uns überliefert, die nordische Schärfe des Hypochonders. »Es gehöre ein großer Geist des Widerspruches dazu, um einen so einzelnen Fall mit so durchgeführter, gründlicher Hypochondrie im Weltlaufe geltend zu machen«, habe Goethe zu der Novelle angemerkt. Er hätte die heiteren italienischen Novellen dagegengesetzt und in Erinnerung gebracht, »daß die heitersten jener Erzählungen ebenfalls einem trüben Zeitraume, wo die Pest regierte, ihr Dasein verdankten«.

Goethes Urteil mag korrekt überliefert sein, der Hypochonder und der Geist des Widerspruchs sind nicht zu leugnen wie auch nicht der Gegensatz zum heiteren Italien.

Dessenungeachtet bleibt Kleist uns nah und teuer, seine Stücke und die Prosa zählen wir zu den Meisterwerken deutscher Dichtkunst, trotz aller unbestreitbaren Hypochondrie. Vielleicht aber kennzeichnet Goethes Urteil weniger oder nur vermittelt die Kleistsche Dichtung als vielmehr den Charakter und die Mentalität der Deutschen, denen das Unschöne in der Natur, das Beängstigende, der Widerspruchsgeist, die nordische Schärfe des Hypochonders in seinen Werken darum so nah und lieb sind, weil sie sich in ihnen erkennen, sich in ihnen erfaßt und gespiegelt sehen. Dann erklärt sich die Vorliebe der Deutschen für diesen Schriftsteller. Dann erscheint sein Selbstmord den Deutschen weniger schrecklich und ist ihnen letztlich nicht völlig unbegreifbar, sondern wird ein abschließender, ein alles umfassender, vollendender Schluß dieser Dichtung und dieses Lebens.

»Vor kurzem habe ich auch den ›Kohlhaas‹ von Heinrich von Kleist gelesen«, schrieb der junge Heinrich Heine an einen Freund, »bin voller Bewundrung für den Verfasser, kann nicht genug bedauern, daß er sich totgeschossen, kann aber sehr gut begreifen, warum er es getan.«

Und dieses Urteil zu Kleist bleibt gültig, mit dieser Lesart wird der Dichter, werden seine Arbeiten künftig gelesen. Der Autor der Berliner Romantik wird nun zum klassischen Erbe der Deutschen gezählt, es werden Kleist-Kolloquien und -Festtage veranstaltet und Stätten des Gedenkens und der Forschungen zu Kleist eingerichtet. Kohlhaas und Homburg, sie sind uns nahe, sind uns wesensverwandt. Die Texte sind daher Schullektüre, denn sie scheinen uns geeignet, der Jugend etwas von der Eigenart der Deutschen zu vermitteln, von jenen Werten, die uns Deutschen wichtig sind.

»Die Schilderung der äußerlichen wie der innerlichen Vorgänge interessiert uns aufs höchste; wir stehen ganz auf Kohlhaas' Seite und freuen uns der Rache, die er nimmt. Sein Mut, sein Geschick, sein Verstand entzücken uns, seine Liebe zu Frau und Kind rührt uns, sein Rechtsgefühl und sein frommer Sinn erfüllen uns mit Bewunderung. Wie wir an Tell und dem Schweizer-Aufstand unsre Herzensfreude haben, so auch an diesem Kohlhaas ... Kohlhaas bleibt Kohlhaas bis zuletzt, mutig, frei, hochherzig, ein Mann aus einem Guß.« So urteilte Theodor Fontane, und mögen wir Nachgeborenen auch dieses oder jenes Wort auswechseln, um emphatische Wendungen eines vergangenen Jahrhunderts heute kühler zu formulieren, sein Urteil entspricht unserem, ist geradezu gültige Auffassung. Noch immer und unverändert bewundern wir sein Rechtsgefühl, erfreuen uns an seiner Rache und bemühen uns, die Bewunderung für den Selbsthelfer unseren Kindern zu vermitteln. Dabei hatte Kleist unübersehbar und bereits in den ersten Zeilen der Novelle ein Urteil über seinen Helden gefällt, das – ungeachtet aller Zuneigung und Sympathie des Autors für seine Figur – bis zum bitteren Schluß der Geschichte Gültigkeit behält. »Das Rechtsgefühl aber«, schreibt Kleist, »machte ihn zum Räuber und Mörder.«

Rührt und entzückt uns ein Mörder? Begeistert uns die blutige, maßlose Rache eines Räubers? Schätzen wir das Rechtsgefühl, und bewundern wir den frommen Sinn eines Verbrechers? Ist uns ein Krimineller Vorbild, prägend für unsere Rechtsauffassung, für unsere Auffassung von Gerechtigkeit, Rechtsstaatlichkeit, von Recht und Unrecht?

Das alles wäre noch erklärlich, wenn sich der Mann in einem Unrechtsstaat sein Recht verschaffen müßte. Dann wäre es für uns eine Lektion in Sachen Mannesmut vor Königsthronen und Tyrannenmord. Aber diesen Gefallen erweist Kleist uns nicht. Seine Novelle spielt, wie das Ende ausweist, in einem Rechtsstaat, in dem schlußendlich alles Unrecht gesühnt wird und der betrogene Kohlhaas seine Pferde rechtsstaatlich zurückerhält, die zuvor – wie das rechtsstaatliche Gesetz es verlangt – dickgefüttert und ehrlich gemacht werden mußten. Ihm wurde schließlich sein Recht, sogar doppeltes Recht. Er bekam, was ihm zustand: seine Pferde mußten zuvor ihm übergeben werden, danach sein Kopf dem Scharfrichter.

Der uns als Vorbild gerühmte Räuber und Mörder mordete und raubte in einem Rechtsstaat. Er mordete und raubte, weil ihm in diesem Rechtsstaat von einem Junker ein Unrecht zugefügt wurde. Aber davor ist kein Staat, kein Gemeinwesen gefeit, auch kein Rechtsstaat. Auch in einem Rechtsstaat geschieht Unrecht, der Rechtsstaat zeichnet sich nur dadurch aus, daß er post festum das geschehene Unrecht zu sühnen sucht.

Gewiß, Kohlhaas kommt erst zu seinem Recht, nachdem er mit dem von ihm verübten Unrecht, mit Brandstiftung und Mord, die Rechtsprechung erzwingt. Aber auch in jedem Rechtsstaat wird nicht jedem Individuum Recht gesprochen, und schon gar nicht sein Recht. Nicht jedes Unrecht ist zu sühnen und zu tilgen, das Recht bleibt stets ein – verschiedentlich nicht einlösbares – Ideal. Ein Ziel, aufs innigste zu wünschen, aber nicht immer realisierbar.

Wäre es da nicht angebrachter, dem Goetheschen Verdikt über diesen Kleistschen Helden zu folgen und nicht noch dessen Geist der Hypochondrie und des Widerspruchs der Jugend als Vorbild hinzustellen? Wäre es für den Frieden der Gesellschaft und für den Landfrieden nicht förderlicher, dem historischen Luther zu folgen, der den historischen Kohlhase zum Nachgeben zu überreden suchte, zum Aufgeben?

Es wäre besser gewesen, schrieb Luther an Kohlhase, »die Rache nicht furzunehmen, dieweil dieselbe ohne Beschwerung des Gewissens nicht furgenommen werden mag ... könnt Ihr das Recht nicht erlangen, so ist kein ander Rat da, denn Unrecht leiden ... so rate ich, nehmet Friede an, wo er Euch werden kann, und leidet lieber an Gut und Ehre Schaden ... Dazu helfe Euch Christus, unser Herr, Lehrer und Exempel aller Geduld und Helfer in Not. Amen.«

Ist nicht diese Aufforderung zu christlicher Geduld und Demut unserem Gemeinwesen und unserem Rechtsstaat förderlicher als das Beispiel Kohlhaas? Wenn wir in der Schule nicht allein für die Schule, sondern für das Leben etwas lernen, was für ein Beispiel wird uns mit dem Räuber und Mörder gegeben?

Aber die Deutschen setzten nicht nur unerschrocken auf dieses Exempel, sie schritten furchtlos weiter und schmückten geradezu tollkühn eine der höchsten Auszeichnungen, die in der Bundesrepublik vergeben werden, mit dem Namen jenes Mannes, nach dem seinerzeit als Mitglied einer kriminellen Vereinigung in Deutschland gefahndet wurde. Er war sogar ein führendes Mitglied, ein Meinungsmacher dieser kriminellen Vereinigung, die nicht nur aufrührerische Reden führte und ebensolche Flugblätter druckte und verbreitete, sondern sich auch mit Waffen versorgte. Jener Büchner, heute ein Heiliger der Literaturseminare und des deutschen Theaters, war Mitglied einer Vereinigung, die sich nach heutigem Sprachgebrauch als Armeefraktion bezeichnen würde.

Noch haben wir in dieser Welt keinen Rechtsstaat, der völlig frei ist von unauflösbaren Widersprüchen, die sich für das Individuum im Einzelfall als Unrecht konkretisieren. Die Demokratie, die Meinungsfreiheit, der Pluralismus, die Gleichheit, auch die Gleichheit der Rechte und Pflichten, alles findet Einschränkungen und Grenzen, die das Eigentum setzt. Wo ein Ding ist, kann ein anderes nicht sein, oder das eine muß das andere verdrängen.

Davon ausgenommen sind allein unsere Pflichten, denn diese sind kategorische Imperative, die sich in den Sphären der reinen und vernünftigen Vernunft nicht aneinander reiben müssen: sie haben dort genügend Platz, sich zu behaupten. Sind es jedoch tatsächlich uns zwingende und für uns unumgängliche Pflichten, werden wir, um keinen zu behindern, unserem Nächsten den Vortritt lassen und die Erfüllung unserer Pflicht aufschieben.

Aber unsere Rechte, da steckt der Teufel im Detail; in jenem Detail, das den Streit und den Juristen auf diese Welt brachte, und den Krieg und den Soldaten. Unser Recht trifft immerzu auf das Recht eines anderen, stößt sich an ihm und wird gestoßen und holt sich blutige Beulen. Und wer so aus der Gemeinschaft gestoßen wird oder nur vermeint, gestoßen zu sein, wird – von einem Kohlhaas belehrt – wie ein Kohlhaas sagen: wer mir den Schutz der Gemeinschaft und der Gesetze versagt, »der stößt mich zu dem Wilden der Einöde hinaus; er gibt mir... die Keule, die mich selbst schützt, in die Hand«.

Was Medizin nicht heilt, wissen diese Selbsthelfer, heilt Eisen; was Eisen nicht heilt, heilt Feuer.

Mit diesen Texten, diesen Helden, diesen Leidenschaften füttern wir unsere Kinder und sind verwundert, wenn Samenkörner dieser Saat in ihnen aufgehen.

Jene Gruppe von Räubern und Mördern, die sich selbst Armeefraktion nannte und die Bundesrepublik bis aufs Blut reizte und sie bis zur Aufgabe rechtsstaatlicher Grundsätze herausforderte, sie waren ohne Zweifel Staatsfeinde. Für das, was sie für Recht hielten, waren sie wie Kohlhaas bereit, jene mit Mord und Feuer zu überziehen, die sie für schuldig hielten. Sie waren im Unrecht, ganz zweifellos, aber um zwei Pferde zumindest werden auch sie sich betrogen gesehen haben. Und ein Kohlhaas gehörte zu ihrer Sozialisation, zu ihrer Erziehung, zur Bildung ihres rechtsstaatlichen Gefühls und ihrer moralischen Auffassungen. »Wir stehen ganz auf Kohlhaas' Seite und freuen uns der Rache, die er nimmt«, schrieb Fontane. In diesem Stolz, mit dieser Freude und Bewunderung für sein Rechtsgefühl wurden wir erzo-

gen. Spricht es da für oder gegen unsere Pädagogen, wenn sich bislang nur wenige der so Erzogenen an dem Selbsthelfer Kohlhaas ein Beispiel nahmen und Unrecht mit Mord und Brand auszulöschen suchten?
Hat eins mit dem anderen nichts zu tun? Wäre nicht in den Terroristenprozessen die Kleist-Lektüre, die Unterrichtung in der Bewunderung für das Kohlhaassche Rechtsgefühl, strafmindernd zu veranschlagen?
Noch in der Klage der Eltern von Wolfgang Grams, der als Terrorist gesucht wurde und in Bad Kleinen ums Leben kam, ist ein Echo auf diesen Kohlhaas auszumachen. Sie verklagten den Staat auf Erstattung der Bestattungskosten, weil sie rechtlich keine andere Möglichkeit hatten, die Wahrheit über den Tod ihres Sohnes zu ermitteln und gerichtlich feststellen zu lassen. Aber die verklagte Exekutive, das Bundeskriminalamt, hatte die Beweise nur zum Teil gesammelt und aufbewahrt, andere beiseite gelassen oder vernichtet. Man hatte dem Toten die Hände gewaschen, ein Vorgang, der in einer christlich geprägten Gesellschaft in geradezu obszöner Weise an die Fußwaschung erinnert, die biblische Geste der Huldigung und Unterwerfung. Aber diese Handwaschung diente lediglich der Spurenbeseitigung. Einen Mord, eine Hinrichtung konnte das Gericht nicht feststellen, da es die Zeugen für nicht glaubhaft ansah. Einen Selbstmord bezweifelte das Gericht freilich ebenso, denn zu tollkühn erschien ihm die Konstruktion, daß der verletzte Grams beim rückwärtigen Sturz auf das Gleis noch die gelassene Sicherheit aufbringt, sich einen Revolver an die Schläfe zu halten und abzudrücken.
Wenige Tage nach der Tötung von Grams auf dem Bahnhof von Bad Kleinen wurde der Generalbundesanwalt entlassen, trat der zuständige Innenminister zurück. Gleichzeitig

ließ die Exekutive mitteilen, bei dem Vorfall von Bad Kleinen sei nichts vorgefallen, nichts, was eine Entlassung, einen Rücktritt erforderlich mache.

Diese Merkwürdigkeiten ließen die rechtsprechende Gewalt zögern. Schließlich aber sagte das Gericht, die Beweislast dürfe nicht umgekehrt werden. Die Exekutive dürfe nicht genötigt werden, den Selbstmord von Wolfgang Grams zu beweisen, sondern der Nicht-Selbstmord, die Tötung durch Fremdverschulden, die behauptete Hinrichtung müsse von den Klägern, den Eltern, bewiesen werden. Die möglichen Beweise jedoch hatte das Bundeskriminalamt übersehen, nicht gesammelt, hinweggewaschen.

»Heilloser und entsetzlicher Mann!« rief Luther... »wer gab dir das Recht, den Junker von Tronka, in Verfolg eigenmächtiger Rechtsschlüsse, zu überfallen, und da du ihn auf seiner Burg nicht fandst, mit Feuer und Schwert die ganze Gemeinschaft heimzusuchen, die ihn beschirmt?« Kohlhaas erwiderte: »hochwürdiger Herr, niemand.«

Ist uns, unserer Gemeinschaft, unserem Staat dieser Luther nicht angemessener? Sollten die Pädagogen nicht eher Bewunderung für diese Rechtsauffassung der Jugend vermitteln, für Luthers Vorstellung von Obrigkeit, Rechtsstaatlichkeit und Rechtsgefühl? (»So Ihr meines Rats begehret, wie Ihr schreibet, so rate ich, nehmet Friede an, wo er Euch werden kann, und leidet lieber an Gut und Ehre Schaden... Könnt Ihr das Recht nicht erlangen, so ist kein ander Rat da, denn Unrecht leiden.«) Ist sein altväterlicher Rat unserer Zeit nicht angemessener als das Kohlhaassche Exempel? Sollten wir nicht besser Luthers Rechtsgefühl bewundern und zu verbreiten suchen?

Sollten wir nicht, statt einem Räuber und Mörder nachzueifern und ihn der Jugend als mutigen, freien und hochherzigen Mann hinzustellen, den Hypochonder wahrnehmen und ihn aus unserer Gesellschaft verweisen, bevor wir solche Texte lesen und sie anderen, der nächsten Generation etwa, in die Hand geben?

Erst wenn unsere Zigarre nicht erlischt und wir keinen Tropfen Wein verschütten bei einem unverstellten Blick auf uns und das, was wir tun, sollten wir Kleist lesen. Um nicht erneut Legislative und Exekutive und schließlich auch noch die Judikative in unsägliche Verlegenheit zu stürzen. Um des lieben Friedens willen, wie Luther sagte.

II

Ich hielte gern Friede und Ruhe, aber der Narr will nicht

Über Politik und Intellektuelle

Zu meinen Erfahrungen gehört die Merkwürdigkeit, daß es Jahreszeiten gibt, in denen der Briefkasten mehr als sonst überfüllt ist. Es häufen sich dann die größeren Formate, die kostbar bedruckten Papiere, die erlauchten Absender. Führende Damen und Herren von Staat und Parteien melden sich bei mir, sehr persönlich oder auch nur – dank der Computertechnik – persönlich und fast privat wirkend. Dieses Anschwellen des täglichen Posteingangs vermeldet mir: demnächst wird in Deutschland – in einer Stadt, in einem Land oder im Bundesgebiet – wieder gewählt. Die Repräsentanten der Politik suchen das Gespräch, die Politiker versuchen mit den Intellektuellen und Künstlern ins Geschäft zu kommen. Offenbar, da sich der Vorgang wiederholt, versprechen sie sich etwas davon. Der Nutzen ist, ebenso offensichtlich, auf den Wahltag begrenzt, denn am Montag nach der Wahl meldet sich nur noch der Verlag, der Steuerberater, das Finanzamt und eine dubiose Firma mit einem einzigartigen Sonderangebot. So herzlich wie eben noch von den Landeshäuptern werde ich nun allenfalls noch auf einer knapp beschriebenen Ansichtskarte meiner Kinder gegrüßt. Die Politik, vielmehr die Politiker haben ein Interesse an Intellektuellen, allerdings ist es jahreszeitlich bedingt.

Meine Schul- und Ausbildung verlief in sehr unterschiedlichen Formen, was einmal dadurch verursacht war, daß eine Grundschule ihr Wissen anders vermittelt als eine Hochschule, und es zum anderen geographische und damit politische Unterscheidungen gab. Eine Gemeinsamkeit aber war der Grundschule in Sachsen, dem Gymnasium in Westberlin und den Universitäten in Leipzig und Ostberlin eigen: sie ermahnten unisono den Zögling, gesellschaftlich nicht abseits zu stehen, sich zu engagieren, sich einzubringen und teilzuhaben. Der Elfenbeinturm stand als Symbol für das Leben eines weltabgewandten Eremiten, eines weltfremden Intellektuellen, eines Egoisten, gar des Menschenfeindes. In einem Alter, in dem man beginnt, sich als Individuum zu begreifen, aber kaum ausreichend Kraft besitzt und ein ausgebildetes Selbstbewußtsein, um das Individuelle auch zu leben, und statt dessen verstärkt nach dem Schutz der Gruppe, einer gleichgesinnten Gemeinschaft verlangt, waren das einleuchtende Glaubenssätze, wenngleich der drohend zitierte Elfenbeinturm durch Gestalt und Material eine nicht geringe Faszination ausstrahlte.

Jeder Staat, ob Diktatur oder Demokratie, fordert seine Bürger auf, sich engagiert dem Gemeinwohl zu widmen, der großen Idee, der gemeinsamen Sache. In den zivileren Staaten bedeutet das vor allem, daß man um die Teilnahme an den Wahlen gebeten wird, in allen anderen bittet man zusätzlich und recht dringend um eine Teilnahme an beifälligen Demonstrationen aller Art. Und all jene, die sich, hier oder dort, dabei besonders hervortun, werden vom Staat als besonders engagierte Bürger bezeichnet und ausgezeichnet.
Gelegentlich hat man in seinem Leben Glück: noch bevor ich in der Lage war, mir ernsthaft die Frage zu stellen, ob und wie ich mich in die Gesellschaft einbringen sollte, teilte der Staat mir mit, daß er auf meine Mitarbeit keinen Wert lege und mich daher von einem weiteren Schulbesuch aus-

schließe. Der Staat und die Gesellschaft brauchen alle, aber nicht jeden. Auch das war für mich eine neue, wenn auch nicht überraschende Erfahrung und schaffte notwendigerweise Distanz. So wurde mir sehr früh jene Haltung anerzogen, die ich erst sehr viel später als die eigentliche und einzig mögliche für den Intellektuellen in der Gesellschaft, im Verhältnis zum Staat wie zur Politik, begriff: Distanz. Ich bin davon überzeugt, daß nur ein distanziertes Verhältnis zum Staat, zur Politik, auch zur Gesellschaft und zur Bevölkerung, deren Teil man ist, den Intellektuellen dazu befähigt, die ihm obliegenden Aufgaben zu erfüllen. Er hat zu betrachten und zu analysieren, das schließt Haltung und Verantwortung ein, und er muß vermelden, was er erfuhr. Er hat rücksichtslos zu berichten, das ist eigentlich schon alles. Es ist nicht wenig und ein ständiges Ärgernis, denn – auch das war für mich eine erstaunliche Erfahrung – nicht die Taten, die Worte bewegen die Welt, und die versteinerten Verhältnisse beginnen zu tanzen, wenn man ihnen die eigene Melodie vorspielt.

Das Urbild des modernen Intellektuellen hat Shakespeare, Homer folgend, beschrieben: es ist Thersites, der alles beschimpft, weil er nichts übersehen kann, der ein Zyniker genannt wird, weil er die fatale Wahrheit ausspricht, der sich unflätig gegen jedermann benimmt, weil er den Kompromiß verachtet und verabscheut und wie ein Kind an seinen Idealen hängt. Er bekommt für seine Wahrheiten von jedermann Prügel, und sein Name wird pejorativ gebraucht. Allein dieses macht ihn schon zum Prototypen des Intellektuellen. »Hol der Henker die öffentliche Meinung«, wünscht Thersites. Er verflucht die kriegsführenden Parteien allesamt, »das ist mein Gebet, und der Teufel der Bosheit spreche das

Amen«. Er ist ein privilegierter Mann, sagt Achill, sein Herr, über ihn.
Es gibt bei Shakespeare einen berühmteren Intellektuellen, Hamlet, aber er ist, gegen Thersites gesetzt, das unglückliche intellektuelle Bewußtsein, denn ihm fehlt, ohne eigene Schuld, die Distanz zur Politik und Macht, das beraubt ihn dessen, was ihn auszeichnet. Die ihm gehörende Macht korrumpiert den aufstörenden Zweifel und den ärgerlichen Stachel, macht die Wahrheit schließlich zur Politik, den Fragenden zum Politiker. Mit Hamlet beschrieb Shakespeare das Scheitern des Intellektuellen: er scheitert, als er das Dilemma mit der Waffe zu lösen sucht.
Hamlet zur Seite steht Polonius, auch er ein Intellektueller, aber, anders als Thersites, mit Rang und Würden und der Aussicht, weiter aufzusteigen. Seinen Sohn Laertes lehrt er – ein früher Katalog von political correctness – die Tugenden der vorauseilenden Anpassung, seiner Tochter Ophelia den weiblichen Gehorsam. Seinem Herrn pflichtet er stets bei und wechselt, wenn es sein Vorgesetzter wünscht, mühelos vom Kamel zum Wiesel und schließlich zum Walfisch. Er hält zur Macht keine Distanz, was seine Karriere befördert, aber ihn schließlich den Kopf kostet. Der Intellektuelle, der als tote Ratte endet, wie Hamlet meint, zuviel Geschäftigkeit ist mißlich.

Für Nietzsche war der Staat »die organisierte Unmoralität« und die Tugend einer jeden Gesellschaft lediglich ein »Mittel der Stärke, der Macht, der Ordnung«. Dem amerikanischen Demokraten Emerson galt jeder existierende Staat als korrupt. Und ein korrupter Staat, fügen wir hinzu, wird versuchen zu korrumpieren. Das kann vielfältig erfolgen. Ein äußerer und unverschämter Druck ist die einfältigste

Form, die wohl die meisten Opfer kostet, aber der man zumindest intellektuell am leichtesten widerstehen kann. Verführung, sagt Lessing, ist die eigentliche Gewalt, die verschämte Brutalität. Gegen die Liebe sind wir nicht gewappnet. Letztlich ist jeder Mensch korrumpierbar, um so erforderlicher ist Distanz.

Die Rolle der Intellektuellen in der DDR und den Ostblockstaaten war geradezu klassisch geprägt. Es gab keine die Macht kontrollierende oder auch nur kritisch betrachtende Institution der Öffentlichkeit, und allein die Intellektuellen konnten und hatten diese Aufgabe zu erfüllen. Sie taten es gewiß mangelhaft, sie haben versagt, sie haben sich durch Gewalt oder Verführung korrumpieren lassen, und sie haben diese Aufgabe auch einigermaßen erfüllt. Die Schwierigkeiten sind bekannt, wurden bekannt; ergänzend will ich hinzufügen, daß paradoxerweise in einer Diktatur eben die Schwierigkeiten dem Intellektuellen seine Arbeit erleichtern. Denn wenn der Druck zu groß wird und zu unverschämt, wird es wiederum auch leichter, nein zu sagen, weil es dann intellektuell unmöglich ist, ja zu sagen, ohne sich aufzugeben. Zur kritischen Haltung gibt es dann keine Alternative, jedenfalls nicht für den Intellektuellen. Und es gibt in fast jeder Diktatur einen unausgesprochenen, unaussprechbaren Konsens mit jenen, die nicht sprechen konnten, nicht zu sprechen wagten; auch das half, die Aufgabe zu erfüllen.

Im westlichen Teil Deutschlands kamen nach dem 2. Weltkrieg wie zuvor schon in den westeuropäischen Ländern Print-Medien auf den Markt, die eine Koppelung oder doch Bindung mit den Intellektuellen erlaubten und ihre Wirksamkeit begünstigten. Das begann sich vor mehr als einem

Jahrzehnt zu verändern. Menschliche Einrichtungen sind vielfältig bedroht, sie können mißglücken und damit enden, oder sie haben Erfolg, was die andere Form des Ruins ist.

Die einst als kritische Instanzen gelobten Print-Medien sind, je erfolgreicher, um so heftiger, durch einen Konkurrenzkampf bedroht, der die Anpassung an eine alles nivellierende Öffentlichkeit zu erzwingen scheint. Eine Kritik, die sich vor Jahrzehnten einer gesellschaftlichen Verantwortung verpflichtet sah, muß sich zunehmend dem Marktinteresse unterordnen und Gewinn und Einfluß über alles stellen. Nicht Information und kritische Betrachtung, sondern Profit und Machterweiterung wurden oberste Grundsätze. Ein solcher Journalismus berichtet nicht wahrheitswidrig – die Lüge, die Fehlinformation schädigen langfristig den Ruf und mindern den Einfluß –, seine Wahrheiten müssen nun aber lukrativ sein und möglichst marktbestimmend.

Geistige Unabhängigkeit, kritische Betrachtung und Rücksichtslosigkeit gegen jedermann gaben diesen Blättern Bedeutung und einen Gewinn an direkter Macht; diese Macht jedoch droht die alten Tugenden zu zerstören. Je gewichtiger ein Blatt wurde, um so eifriger macht es nun selbst Politik, kann Einfluß nehmen und gleicht im Gebrauch und Mißbrauch der politischen Mittel zunehmend dem einst kritisch beobachteten Politiker und Politikpotential.

Die Ohnmacht des Intellektuellen, des von den Medien weitgehend unabhängigen Intellektuellen, wird durch die Macht und den Machtgebrauch der Medien gesellschaftlich wieder bedeutsam; auch wenn, auch wo die Unabhängigkeit nur tendenziell zu erreichen ist. Die eigene Abhängigkeit zu erkennen und anzuerkennen ist ohnehin eine Voraussetzung der Arbeit von Intellektuellen.

Es gibt eine wachsende Diskrepanz zwischen den seriösen Print-Medien und den Intellektuellen, die nicht alles ihrer Karriere zu opfern bereit sind und Distanz halten, und stets war das auseinanderdriftende Selbstverständnis über Rolle und Funktion die unausgesprochene Ursache der Debatten und Polemiken. Die kritischen Anmerkungen von Grass zur deutschen Einheit, genauer: zu der gewählten Form der Vereinigung bzw. des Beitritts, wurden mit einer Verärgerung kommentiert, als ob es die Pflicht des Intellektuellen sei, mit dem Verlauf der Geschichte konform zu gehen. Auf das richtige Pferd zu setzen, mit dem Sieger zu gehen, die Wolke nach Bedarf als Kamel, als Wiesel oder Wal anzusehen, das scheint heute das grundlegende journalistische Credo zu sein, um sich vor der Konkurrenz auszuzeichnen. Eine vergleichbare Pflicht für den Intellektuellen gibt es in keinem Fall. Vielmehr ist er verpflichtet, seine Wahrheit notfalls auch gegen den Geschichtsverlauf auszusprechen, seine Erfahrungen offenzulegen, auch wenn sie gegen den Zeitgeist stehen, gegen das politisch Opportune, gegen den allgemeinen Konsens und selbst gegen eine faßbare, unstrittige Realität. Es ist nicht seine Aufgabe, mit der politischen Bewegung zu harmonieren oder gar ihre Spitze zu bilden. Der tatsächliche Geschichtsverlauf ist weder ein moralischer noch geistiger Maßstab seiner Arbeit. Nicht das siegreiche Feld ist sein Platz, allerdings auch nicht grundsätzlich das der Verlierer, der Verlorenen. Catos berühmter Satz »Die siegreiche Sache gefiel den Göttern, die unterlegene aber gefällt Cato« zeigt eine großherzige und würdige Gesinnung, er kennzeichnet aber nicht die Haltung des Intellektuellen. Er hat sich nicht zu dem Sieger oder zu dem Besiegten zu stellen, sondern muß sein Feld behaupten, seine Wahrheit. Das moralische Weltgebäude der Vernunft hat er gegen die Welt zu setzen. Freilich wird er sich daher nur zu oft bei den Verlorenen und Unterlegenen wiederfinden. Selbstverständlich schließt das Wandlungen und Wendungen nicht aus, aber er verrät sich und seine Gesinnung, er verrät jede Gesinnung, wenn er dann selektiert und frühere Ansichten und Haltungen, die ihm inzwischen fehlerhaft scheinen, auszulöschen sucht. Eben diese erkannten Fehler müssen im Mittelpunkt seiner Arbeit und Beobachtungen bleiben, hilfreich für ihn wie für andere. Dies erfordert offenbar Mut und Selbstlosigkeit, denn es ist in allen Jahrhunderten fast gewöhnlich geworden, daß Saulus, wenn er sich zum Paulus wandelt, den Namen und die Kleidung wechselt und den alten Saulus verleugnet. Auch die letzte politische Wende in Deutschland zeitigte diese übliche Haltung und erinnerte an Hannah Arendts Artikel »Gestern waren sie noch Kommunisten« von 1953, in dem sie schreibt, daß besonders jene, die vor dem Krieg noch Kommunisten oder Trotzkisten waren, sich bei der Verfolgung kritischer Intellektueller in der McCarthy-Ära hervortaten. Man ist den Stalinismus noch nicht los, wenn man Stalin los ist. Gewöhnlich verabschiedet man sich von einem Fundamentalismus, um sich um so heftiger einem anderen hinzugeben, und je mehr man sich dem einen hingab, um so gnadenloser widmet man sich nun dem nächsten, um die früheren Fehler, Schäbigkeiten und Verbrechen zu sühnen, auszulöschen, vergessen zu machen, für sich oder auch nur für die anderen. Die vermeintlichen Änderungen, die persönlichen Wendungen sind nach meiner Erfahrung weniger radikal, als das Individuum vermutet. Die gewonnenen Einsichten führen nicht zu einer neuen Haltung, sondern lediglich zu einem anderen Standort. Der neue Glaube ähnelt dem alten, er ist allenfalls seitenverkehrt, stammt aber aus der gleichen

Quelle und wird mit der alten, eingeübten Unerbittlichkeit vorgetragen. Die schönsten Anschauungen haben wir alle über uns selbst, und jene, die überzeugt sind, sich vollständig geändert zu haben, wissen wenig davon, auf wie fatale Weise sie sich treu geblieben sind. Nur wer begriffen hat, wie begrenzt unser aller Fähigkeit ist, sich selbst zu ändern, hat vielleicht die Chance, sich wirklich zu ändern.
Das 20. Jahrhundert war nicht das Zeitalter des Fundamentalismus, dafür hat dieses zu Ende gehende Jahrtausend zu viele eifernde Heilsbringer erlebt. Der Fundamentalismus ist auch nicht das spezielle Problem der Intellektuellen, aber sie sind erfahrungsgemäß anfällig für ihn, unterstützt und benutzt von einer Politik, die nach Legitimität sucht, und einem Journalismus, der davon lebt, stets die große Trommel zu schlagen. Freilich verraten sie damit alles, was den Intellektuellen auszeichnet.

Ein vorerst letztes Zeugnis für dieses Mißverständnis gab die Diskussion um Handkes literarische Reportage und Essai über Serbien und den Krieg im ehemaligen Jugoslawien. Handke verstörte die festgefügte Übereinkunft der Politik und der Medien, jenen Konformismus, der als political correctness den Opportunismus fortsetzt, den Politik und Macht benötigen und durch Verführung zu erzwingen wissen. Die Reaktion auf Handkes Aufsatz erfolgte, wie von Shakespeare längst beschrieben. Handke wird geschmäht, bespuckt, er wird zum Dichter und Denker erhoben, und es bedarf auch auf den Seiten des deutschen Feuilletons inzwischen keines erklärenden Zusatzes, um zu verdeutlichen, daß diese Kennzeichnung als Beschimpfung gemeint ist.
Handkes Text hinterläßt Fragen bei mir. Die Mischung von Polemik und beschreibendem Bericht erscheint mir nicht

glücklich, auch verunglückt, denn die Schilderung von Bewohnern einer Landschaft, von Bäumen und Flüssen, von Bergen und Wein erzählt wenig über die Ursachen eines Krieges, durch die Zusammensetzung der Texte aber entsteht – entgegen der ausgesprochenen Absicht des Autors – der Eindruck, daß eins das andere belegen soll, scheint die Polemik ihre Überzeugungskraft aus dem Reisebericht begründen zu wollen. Handkes Neigung, die heroische und traurige und erbarmenswerte Würde eines armen Landes, eines verarmten Landes zu verklären, ist ärgerlich und wirkt, zumal vorgetragen aus dem vielfach privilegierten Westen, peinlich. Seine Liebe und Zuneigung ist glaubhaft und bekommt doch unfreiwillig den Anschein einer kolonisierenden Herablassung.
Wichtig und gewichtig aber ist der Text, weil Handke die Schuld nicht neu verteilen will, sondern für eine gerechtere Sicht auf die Kriegsparteien plädiert. Damit erfüllt er die Aufgabe des Intellektuellen, gegen den Konsens der Zeit, gegen den allgemeinen Konformismus mit der Macht und den Mächtigen. Er stellt Fragen, er stellt in Frage, er verstört gewonnene Sicherheit, und das eben ist die Arbeit des Intellektuellen. Hol der Henker die öffentliche Meinung, und wie immer holte die öffentliche Meinung den Henker.

Der Intellektuelle hat Distanz zur Politik zu halten. Er gewinnt im Zusammengehen mit der Politik Macht, aber diese Macht ist immer die Macht einer Gruppe, der er sich unterzuordnen hat, die ihn sich unterordnet, die ihn nutzt, die seine durch Arbeit und Individualität gewonnene Legitimität benutzt, um ihre Politik und Macht zu legitimieren. Den Handlungsspielraum durch Politik oder ein politisches Amt vergrößern zu wollen, bedeutet lediglich, den politischen

Spielraum zu vergrößern und den des Intellektuellen zu zerstören.
Die Politik braucht den Intellektuellen, sie benötigt nicht seine Arbeit, sondern die Aura seiner Arbeit. Sie wird, wenn sie sich als Gruppe nicht zerstören will, ihn und seine Arbeit disziplinieren, um ihn vollständig, aber auch störungsfrei aufzunehmen.

»Ich hielte gern Friede und Ruhe, aber der Narr will nicht«, sagt Thersites über seinen ihn prügelnden Herrn. Mit diesem Satz und dieser Situation ist Funktion und Aufgabe des Intellektuellen umfassend gekennzeichnet. Er hat Paria zu sein in der Gesellschaft, er hat alles, worauf sie sich gründet, in Frage zu stellen im Namen des Humanen, des Menschlichen. Er hat die Grundlagen und die Rücksichten, auf denen jede Gesellschaft gründet, allein daraufhin zu prüfen, wieweit sie gerecht und menschenwürdig sind.
»Wir können«, sagte Max Frisch, »das Arsenal der Waffen nicht aus der Welt schaffen, aber wir können das Arsenal der Phrasen, die man hüben und drüben zur Kriegsführung braucht, durcheinanderbringen.«
Er sagte damit nichts anderes als Shakespeares Held: Ich hielte gern Friede und Ruhe, aber der Narr will nicht. Es ist dieser rebellische Aberwitz, den der Intellektuelle der Politik gegenüber aufzubringen hat, die ihre Moral politically correct den Sachzwängen opfert, und gegen einen herrschenden Zeitgeist, der seinen Opportunismus mit wechselnden Gewändern in der Mode hält. Freilich, es setzte damals Prügel, und wenn die Zeiten auch wechseln, alles ändert sich nicht.

Die Zensur ist überlebt, nutzlos, paradox, menschenfeindlich, volksfeindlich, ungesetzlich und strafbar

1. Der verratene Leser

»Die verschiedenen Empfindungen des Vergnügens oder des Verdrusses beruhen nicht so sehr auf der Beschaffenheit der äußeren Dinge, die sie erregen, als auf dem jedem Menschen eigenen Gefühle, dadurch mit Lust oder Unlust gerührt zu werden. Daher kommen die Freuden einiger Menschen, woran andere einen Ekel haben, die verliebte Leidenschaft, die öfters jedermann ein Rätsel ist, oder auch der lebhafte Widerwille, den der eine woran empfindet, was dem andern völlig gleichgültig ist. Das Feld der Beobachtungen dieser Besonderheiten der menschlichen Natur erstreckt sich sehr weit und verbirgt annoch einen reichen Vorrat zu Entdeckungen, die ebenso anmutig als lehrreich sind. Ich werfe für jetzt meinen Blick nur auf einige Stellen, die sich in diesem Bezirke besonders auszunehmen scheinen, und auch auf diese mehr das Auge eines Beobachters als des Philosophen.«

Soweit Immanuel Kant. »Beobachtungen über das Gefühl des Schönen und Erhabenen« nennt Kant diesen Blick. Unser Jahrhundert beließ von diesem Vokabular ungekränkt lediglich das Wort »Beobachtung«. Bei dem »Gefühl«, dem »Schönen und Erhabenen« zögern wir. Wir nennen das Thema sachlicher »Literatur und Wirkung«. Die Aufgabe für den Beobachter und Berichterstatter jedoch ist so unverändert wie die verschiedenen Wirkungen des gleichen sie verursachenden Gegenstands, in unserem Fall der Literatur, des Buchs.

Und die Wirkungen sind, wie Immanuel Kant bemerkt, sehr viel weniger dem »äußeren Ding«, dem Buch, geschuldet als der Verfassung des Konsumenten, des Lesers. Die Wirkungen, die Literatur hervorruft, sind fast immer überraschend und häufig unvorhersehbar. Von den Wirkungen läßt sich nur bedingt auf das Buch schließen, aber unbedingt auf den Leser. Schon Immanuel Kant wußte von jenen »wohlbeleibten Personen, deren geistreichster Autor ihr Koch ist und deren Werke von feinem Geschmack sich in ihrem Keller befinden«, jene, die das Bücherlesen und -vorlesen lieben, »weil es sich sehr wohl dabei einschlafen läßt«, und jene, deren emsigste und einzigste Lektüre ihrem Kontobuch gilt.
Beifall und Ablehnung, Begeisterung und Langeweile, moralische und politische Wertungen offenbaren einiges über das jeweilige Buch, sie erhellen stets den Urteilenden. Die Literatur erregt die Wirkungen, doch diese bezeugen vor allem die Verfassung des Lesers, des Gemeinwesens. In der vergleichbar kurzen Zeitspanne von nicht einmal vierzig Jahren läßt sich anhand der Wirkungen, die Literatur verursachte oder vielmehr auslöste, ein Bild der wechselvollen Verfassung unseres Staates, unserer Gesellschaft und der lesenden Bürger aufzeigen. Diese Wirkungen unterliegen vielfachen Beeinflussungen, werden modifiziert durch die Medien, die Moden, staatliche und gesellschaftliche Maßnahmen, die das eine hervorzuheben, das andere ungesehen wünschen; dennoch und gerade deshalb erhellt Literatur mit ihren Wirkungen auf eine einzigartige Weise den inneren Zustand einer Gesellschaft und ihrer Bürger.
Gewiß, Bücher verraten ihren Autor, Literatur offenbart weit mehr als ihren Gegenstand ihren Verfasser. Literaten sind Exhibitionisten: es ist nicht möglich, zu schreiben und sich bedeckt zu halten. Hier liegt eine der Wirkungen von

Literatur begründet: wir fühlen uns hingezogen, gefühls- oder geistesverwandt mit dem oder jenem Autor, das veröffentlichte Werk macht uns selbst einen längst verstorbenen Autor zum nahen Vertrauten.
Bücher haben ihre Schicksale, und diese beruhen allein auf ihren Wirkungen. Die Schicksale der Bücher erzählen von den Lesern, sprechen von ihrem Mut und ihrer Feigheit, ihrem Rückgrat oder Opportunismus, ihrem Kunstverständnis, ihrer Kultur und Bildung. Unabhängig vom literarischen, gesellschaftlichen und politischen Wert eines Buches geben uns seine Wirkungen Auskunft über seinen Leser. Die im Vergleich mit allen anderen Medien so unaufdringlich wirkenden Bücher entblößen ihren Leser.
Ein Buch kann nach unseren Erfahrungen erst einige Jahrzehnte nach seinem Erscheinen klar und sachlich beurteilt werden. Aber bereits mit seinem Erscheinen, mit den ersten Wirkungen, die das Buch auslöst, beurteilt es den Leser, offenbart ihn. Um so erstaunlicher ist daher der leichtfertige, arglose Umgang mit einem so argen Ding wie dem Buch, das mitleidslos und durch die von ihm bewirkte Selbstentblößung überzeugend und unwiderlegbar seinen Leser denunziert. Autoren können mitleidig, arglos, freundlich und nachsichtig sein, Bücher sind es nie. Sie verraten ihren Urheber, und sie verraten – mittels ihrer Wirkungen – den Leser.

2. Über die Sitzgelegenheiten unserer Verleger

Traditionell thronen Verleger auf den Abrechnungen ihrer Buchhaltung. Das ist ein bewährter, sicherer, jedenfalls unzweifelhafter Sitz. Von ihm aus gestaltet sich der Umgang mit Autoren problemlos: die schwarzen und roten Zahlen unterstreichen oder widerlegen jede Ästhetik. Wer Bücher verkaufen will, wird den Bestseller nicht nur kaufmännisch, sondern auch literarisch schätzen. Und mit dem absehbaren, bereits eingeleiteten Ende der Verlage in der westlichen Welt, ihrem Verschwinden in wenigen marktbeherrschenden Buchkonzernen, wurde die Buchhaltung nicht allein der Thron des Verlegers, sie wird auch zum einzig maßgeblichen Lektor. Dann wird – eine Neuerung im alten Geschäft des Büchermachens – das Neo-Analphabetentum eine weitere Unterstützung erfahren.

Unsere Verleger sitzen anders auf ihren Stühlen. Sie sitzen allerdings auch auf anderen Stühlen.

Überrascht bemerkte ich, daß unsere Verleger auf Bücherstapeln sitzen. Diese Stapel bestehen nicht aus Ladenhütern, aus unverkäuflicher Ware – der Absatz ihrer Produkte ist die geringste Sorge unserer Verleger –, diese Stapel bestehen aus Büchern der laufenden Produktion.

Bücherstapel sind eine sehr unbequeme und unsichere Sitzgelegenheit. Sie sind instabil, und so kann es keinen verwundern, wenn unsere Verleger, auf ihnen sitzend, gelegentlich wackeln oder – und auch das kam vor – von diesen Büchern zu Fall gebracht werden. Ich plädiere für bessere und stabilere Stühle in den Chefetagen unserer Verlage, möglichst keine Drehstühle, aber gesundheitsfördernde, also rückgratstärkende und auch rückgratschonende Sitzgelegenheiten.

Durch meine Arbeit hatte ich Gelegenheit, mehrere Verleger meines Landes kennenzulernen. Nicht mit allen konnte ich mich gütlich einigen, und es kam auch vor, daß ich mich mit einem überhaupt nicht einigen konnte. Aber alle diese Verleger sind Leute, die ihr Geschäft verstehen, mit Verstand und Herz aufopferungsvoll für ihre Bücher arbeiten, kämpfen und einstehen. Es ist nicht einer unter ihnen, der einer Aufsicht bedarf. Dafür lege ich meine Hand ins Feuer,

und ich bin überzeugt, daß die Mehrzahl meiner Kollegen, wenn nicht gar alle, dazu ebenfalls bereit sind.
Das Genehmigungsverfahren, die staatliche Aufsicht, kürzer und nicht weniger klar gesagt: die Zensur der Verlage und Bücher, der Verleger und Autoren ist überlebt, nutzlos, paradox, menschenfeindlich, volksfeindlich, ungesetzlich und strafbar.
Ich werde das im folgenden begründen:
Die Zensur ist überlebt. Sie hatte ihre Berechtigung in den Jahren nach dem zweiten Weltkrieg, als der deutsche Faschismus von den Alliierten militärisch vernichtet, aber die geistige Schlacht um Deutschland, um die Deutschen damit noch nicht entschieden war. Damals hatte die Zensur, ähnlich den Lebensmittelmarken, die Aufgabe, den allgemeinen Mangel zu ordnen, das Chaos zu verhindern und die Aufbauarbeit zu ermöglichen. Zudem begünstigte die damalige historische Situation die Existenz einer Zensur, also das, was unsere neuere Geschichtsschreibung mit den seltsam verwaschenen Formulierungen »jene tragischen Ereignisse der dreißiger Jahre in der Sowjetunion« und »zeitweilig aufgetretene Verletzungen der Leninschen Normen des Parteilebens« eher zu verdecken sucht als zu benennen. Die Zensur hätte zusammen mit den Lebensmittelmarken Mitte der fünfziger Jahre verschwinden müssen, spätestens im Februar 1956.
Die Zensur ist nutzlos, denn sie kann Literatur nicht verhindern, allenfalls ihre Verbreitung verzögern. Wir haben es wiederholt erlebt, daß nichtgenehmigte Bücher Jahre später die Genehmigung erhalten mußten. Und daher wissen wir alle, daß Bücher, die uns heute noch nicht zugänglich sind, etwa einige der Bücher von Stefan Heym oder die von Monika Maron, in DDR-Verlagen erscheinen werden.

Die Zensur ist paradox, denn sie bewirkt stets das Gegenteil ihrer erklärten Absicht. Das zensierte Objekt verschwindet nicht, sondern wird unübersehbar, wird selbst dann zum Politikum aufgeblasen, wenn Buch und Autor dafür untauglich sind und alles andere zu erwarten und zu erhoffen hatten. Die Zensur erscheint dann lediglich als ein umsatzsteigernder Einfall der Werbeabteilung des Verlages.

Die Zensur ist menschenfeindlich, feindlich dem Autor, dem Leser, dem Verleger und selbst dem Zensor. Unser Land hat in den letzten zehn Jahren viele Schriftsteller verloren, unersetzliche Leute, deren Werke uns fehlen, deren Zuspruch und Widerspruch uns bekömmlich und hilfreich war. Diese Schriftsteller verließen gewiß aus sehr verschiedenen Gründen die DDR. Einer der Gründe, weshalb diese Leute und ihr Land einander vermissen – das eine weiß ich, das andere vermute ich –, heißt Zensur; denn wie die Engländer sagen: »You can take the boy out of the country, but you can't take the country out of the boy.«

Und der Autor, dem es nicht gelingt, aus seiner Arbeit die ihr folgende Zensur herauszuhalten, wird gegen seinen Willen und schon während des Schreibens ihr Opfer: er wird Selbstzensur üben und den Text verraten oder gegen die Zensur anschreiben und auch dann Verrat an dem Text begehen, da er seine Wahrheit unwillentlich, und möglicherweise unwissentlich polemisch verändert.

Den Leser entmündigt die Zensur. Er kann ihr folgen und die Beschränkungen akzeptieren oder ihr widerstehen und sich ihr mit dem dann nötigen größeren Aufwand entziehen, um das nichtgenehmigte Buch zu lesen. In jedem Fall ist seine Wahl von der Zensur bestimmt.

Die Zensur zerstört den Verleger, sie zerstört seine Autorität, seine Glaubwürdigkeit. Sie verbietet es dem Verleger,

Verleger zu sein, da sie ihm nicht erlaubt, das Programm seines Verlages zu bestimmen. Welche Weisheit zeichnet eigentlich jene Leute aus, die Druckgenehmigungen erteilen oder nicht, daß sie sich anmaßen, einem ausgewiesenen und befähigten Menschen – denn anders wäre ein Verleger bei uns nie Verleger geworden – Vorschriften zu machen? Die Zensur verkürzt das Vokabular des Verlegers, sie verkürzt es um das gewichtige Wort: *nein*. Ein Verleger muß das Recht haben, nein zu sagen, nein zu einem Manuskript, nein zu einem mit seinem Verlag nicht zu vereinbarenden Programm. Solange aber eine vom Verleger unabhängige und ihn bestimmende Zensur existiert, verbietet sich das Nein eines Verlegers, ist es unsittlich und unmoralisch.
Und die Zensur zerstört den Zensor. Der kunstsinnigste Mensch wird in der Funktion, Genehmigungen zu erteilen oder zu verhindern, zum Büttel. Sein Blick, seine Sinne verengen sich notwendigerweise in dem Bemühen, Mißfälliges aufzufinden. Und wie so mancher Kollege habe ich Beispiele erlebt, wie dieser verengte Blick unsinnige Interpretationen, absurde Verdächtigungen und zweideutige Mißverständnisse produzierte, die eindeutigen Aussagen unterschoben wurden.
Die Zensur ist volksfeindlich. Sie ist ein Vergehen an der so oft genannten und gerühmten Weisheit des Volkes. Die Leser unserer Bücher sind souverän genug, selbst urteilen zu können. Die Vorstellung, ein Beamter könne darüber entscheiden, was einem Volk zumutbar und was ihm unbekömmlich sei, verrät nur die Anmaßung, den »Übermut der Ämter«.
Die Zensur ist ungesetzlich, denn sie ist verfassungswidrig. Sie ist mit der gültigen Verfassung der DDR nicht vereinbar, steht im Gegensatz zu mehreren ihrer Artikel.

Und die Zensur ist strafbar, denn sie schädigt im hohen Grad das Ansehen der DDR und kommt einer »Öffentlichen Herabwürdigung« gleich.
Das Genehmigungsverfahren, die Zensur muß schnellstens und ersatzlos verschwinden, um weiteren Schaden von unserer Kultur abzuwenden, um nicht unsere Öffentlichkeit und unsere Würde, unsere Gesellschaft und unseren Staat weiter zu schädigen.
Die Verleger meines Landes bedürfen keiner beamteten Aufsicht. Hilfe der Behörden benötigen sie allenfalls bei ihrer Suche nach freien Druckkapazitäten und Papier. Sie müssen souveräne Leiter ihrer Verlage sein dürfen, für die Öffentlichkeit arbeitend und öffentlich kritisierbar. Aber sie müssen die Chance haben, wirkliche Verleger zu sein, also nicht Jahr für Jahr und bei jedem inhaltlich und formal wirklich neuen Buch ein Stuhlbeben zu befürchten haben.
Zu einem anderen Problem: In den meisten westlichen Ländern vollzieht sich zur Zeit eine aus wirtschaftlichen Gründen diktierte Konzentration des Verlagswesens und des Buchhandels. Bereits heute ist absehbar, daß in naher Zukunft sämtliche größeren und großen Verlage in jedem westlichen Land sich im Besitz von wenigen Konzernen befinden. Aus heutiger Sicht werden es international wirkende Konzerne sein, so daß der gesamte Buchmarkt in den kapitalistischen Ländern von vielleicht vier oder fünf Konzernen beherrscht wird. Es wird dann noch Bücher geben, aber die Buchhandlungen werden durch Buch-Warenhäuser mit Bestseller-Mentalität, Billigangeboten und Ramschverkäufen ersetzt; aussterben wird der Verleger, ihn ersetzt ein Buchhalter; aussterben wird die Literatur, die Belletristik, die vom Sachbuch und Bestseller verdrängt wird; aussterben wird ein wichtiger Teil der Kultur, ein so wichtiger Teil, daß

die Kultur Westeuropas insgesamt gefährdet sein wird. Diese Entwicklung wird von Klein- und Kleinstverlagen nicht abgefangen werden können, zumal diese Kulturverluste – wie die Erfahrungen der letzten Jahrzehnte zeigen – von der betroffenen Gesellschaft nicht als Verlust begriffen werden. Hier entsteht für die nichtkapitalistischen Länder eine Verpflichtung, sie werden – um der Kultur der Menschheit willen – auch für jene Kultur verantwortlich sein, die das Kapital mangels ausreichender Verwertbarkeit verwirft und vernichtet.

Den sozialistischen Ländern droht dieser Ruin einer Kultur nicht, und es gibt, ungeachtet der Probleme, die bei uns noch ungelöst sind, keinen Anlaß, dies für die Zukunft zu befürchten.

Mich beunruhigt eine andere Erscheinung: Vor mehr als zwei Jahrzehnten gab es bei uns, aus völlig anderen Gründen, eine Konzentration unserer Verlage. Mehrere Verlage wurden zusammengelegt, existieren zum Teil nur noch pro forma und als Bestandteil anderer Verlage; andere Verlage wurden aufgelöst. Ich zweifle nicht daran, daß es dafür wichtige, vermutlich wirtschaftliche Gründe gibt. Aber ebenso unzweifelhaft hat diese Konzentration unsere Verlagslandschaft und damit den Reichtum unserer Literatur reduziert. Die Verlage wurden zum Teil schwerfällige, kaum überschaubare Monopole, ein Alptraum für Verleger, für die ein Verlag ohne ein prägendes Programm undenkbar ist. Die Autoren haben nur noch eingeschränkte Möglichkeiten, einen Verlag zu wählen. Sie können sich kaum gegen einen Verlag behaupten, da sie selten eine Alternative haben.

Am fortgeschrittensten ist dieser Prozeß bei der Dramatik. Den Stückeschreibern, im Ensemble der literarischen Künste unseres Landes aus anderen Gründen ohnehin stark benachteiligt, steht ein einziger Bühnenvertrieb zur Verfügung. Die Dramatiker können nur beten, daß in diesem einzigen Bühnenvertrieb weiterhin gute und vernünftige Leute arbeiten und auch für sie zu arbeiten bereit sind. Die Dramatiker können arbeiten und beten; andere Möglichkeiten haben sie nicht, denn mit einem Monopol läßt sich bekanntlich nicht diskutieren.

Andrerseits hat dieser eine Bühnenvertrieb keinerlei Möglichkeit, ein Programm zu entwickeln, sich zu profilieren. Da er konkurrenzlos arbeitet, ist er verpflichtet, alles zu verlegen. Dem Leiter des Bühnenvertriebs ist mehr als allen anderen unserer Verleger verwehrt, nein zu sagen.

Diese Konzentration des Verlagswesens sollte endgültig gestoppt werden, und wir sollten darüber ins Gespräch kommen, wie wir Teile dieser fatalen Entwicklung rückgängig machen können. Denn wo es bereits nur noch einen Verlag für Bühnenwerke gibt, ist es vorstellbar, daß es eines Tages auch für Prosa, Lyrik, Essai und Kinderbuch nur noch je einen Verlag gibt. Diese Vorstellung sollte nicht nur uns Autoren schrecken. In jedem Dorf, sagte Arno Schmidt, muß es zumindest zwei Garküchen geben; kocht nur eine, wird das Essen bald ungenießbar sein. Ich denke, keiner von uns ist so glücklich, die Schrecken dieser Abart von Gastronomie nicht erfahren zu haben.

3. Ein Dank an die Presse

Ich danke unserer Presse und unseren Medien für ihre Arbeit, die die Wirkung unserer Literatur maßgeblich ermöglichen.

Die DDR wird gelegentlich als ein Leseland bezeichnet. Und wenn man die Zahlen der Auflagen und Auflagenhöhen liest, wenn man die stets überfüllten Buchhandlungen und sich schnell leerenden Regale sieht, ist man geneigt, dieser Bezeichnung zuzustimmen. Das ist, bei aller erwiesenen Qualität, jedoch nicht das Verdienst unserer Literatur, sie ist nicht besser und nicht schlechter als die anderer Länder. Auch wird bei uns nicht mehr und nicht weniger als in anderen Ländern gelesen. Es werden hier jedoch weit mehr als in anderen Ländern Bücher gelesen. Die korrekte Bezeichnung wäre also: Buchleseland.

Das Verdienst dafür gebührt unserer Presse, unseren Medien. Ihre Zurückhaltung in der Berichterstattung und der verläßliche Konsens ihrer Meinungen führte dazu, daß kaum ein Bürger unseres Landes mehr als ein paar Minuten sich mit ihnen zu beschäftigen hat. Der Leser wird durch Neuigkeiten nur für kurze Zeit abgelenkt und kann sich dann wieder unseren Büchern zuwenden, von denen er nicht nur Unterhaltung und Geschichten, sondern auch Neues und Wahres erhofft.

In den Ländern östlich und westlich unserer Grenzen beschäftigen Zeitungen, Zeitschriften und Medien das Publikum, halten sie mit Tagesnachrichten von einer sicher gewichtigeren Lektüre, der des Buches, ab. Wir Autoren haben also Grund, unserer Presse dankbar zu sein.

Aber fehlende oder doch unzureichende Berichterstattung und das Ausbleiben öffentlicher Auseinandersetzungen zu unseren öffentlichen Angelegenheiten in Presse und Medien schädigen und zerstören die politische Kultur unseres Landes. Wer sich für unsere Gesellschaft engagiert und für ihre Entwicklung, muß über diesen Verlust tief besorgt sein. Presse und Medien haben nicht nur Nachrichten zu vermitteln: sie müssen ein Transmissionsriemen sein sowohl zwischen oben und unten wie unten und oben, zwischen Gesellschaft und Staat, zwischen der Masse und der gewählten Leitung. Ist diese Vermittlung einseitig, wird nichts mehr vermittelt, in keiner Richtung. Eine Agitation und Propaganda, die die Massen nur zu belehren glaubt und unfähig ist, sich von den Massen belehren zu lassen, wird erfolglos bleiben müssen. Wer nicht zuzuhören versteht, verlernt erfahrungsgemäß auch bald, sich verständlich zu machen. Wenn Auseinandersetzungen und Entscheidungen hinter verschlossenen Türen stattfinden, kann man für die so getroffenen Entscheidungen nicht mit einem aufgeschlossenen Publikum rechnen. Beste und unzweifelhaft gute Entscheidungen werden durch fehlende öffentliche Auseinandersetzungen und durch den Verzicht auf die Weisheit des Volkes zweifelhaft und schwer annehmbar. Eine einseitig vermittelnde Presse, eine Presse, die nur eine erwünschte Realität vermittelt, die aus der vorhandenen Meinungsvielfalt und von den vorhandenen Lösungsvorschlägen zu gesellschaftlichen Fragen und Problemen allein die ihr opportunen heraussucht und öffentlich macht, beraubt sich selbst der Wirkung, macht Agitation und Propaganda unglaubwürdig, muß die Erfahrung machen, paradox zu wirken. Dann kann – um bei der Literatur zu bleiben – ein Zeitungslob für ein Buch vernichtend sein, ein Verriß aber zu einem Sturm auf die Buchhandlungen führen.

Auch in unserer Gesellschaft gibt es natürlich kontroverse Ansichten und Meinungen zu den verschiedensten gesellschaftlichen Erscheinungen. Sie öffentlich zu machen, sie öffentlich zu diskutieren würde allen helfen, die beste Lösung zu finden, würde die gefundene Lösung akzeptierbarer machen und der Entwicklung unserer Gesellschaft nützen. Die verschlossene Tür aber ist nicht nur ein Symbol für fehlende Öffentlichkeit, sie ist notwendigerweise auch das Zeichen einer verhinderten Öffentlichkeit, einer eingeschränkten Gesellschaft.

Kann es der Gesellschaft, dem Leser oder dem Autor wirklich helfen, wenn die Wirkung von Literatur durch vorgegebene Richtlinien für Rezensionen eines Buches kanalisiert wird? Wem oder was soll es helfen, wenn Rezensionen zu bestimmten Büchern nicht erscheinen können oder wenn Werke der Literatur durch einen zentralen Beschluß nicht rezensiert werden dürfen? Ganz gewiß hilft es nicht der Entwicklung unserer Gesellschaft.

Eine Presse, die nicht öffentlich arbeitet, die nicht von einer realen, sondern allein von einer erwünschten Wirklichkeit berichtet, verzichtet nicht nur auf die ganze Wahrheit, sie wird insgesamt unglaubwürdig und beraubt sich der Möglichkeit zu wirken. Denn die beste, nachhaltigste und erfolgreichste Propaganda war noch nie die opportune Halbwahrheit, sondern stets die vollständige, kontroverse, manchmal schmerzliche Wahrheit.

4. Das alte Lied: Literaturwissenschaft und Kritik

Wenn wir über Literatur und Wirkung zu sprechen haben, ist auch ein Wort zur Literaturwissenschaft und zur Literaturkritik am Platz. Aber ich zögere: ich fürchte, mich zu wiederholen. Zu vieles von dem, was vor Jahren und Jahrzehnten, selbst vor Jahrhunderten dazu gesagt wurde, ist nach wie vor gültig und nach wie vor uneingelöst. Geblieben ist auch die auf beiden Seiten, bei Literaten wie Kritikern, zu bemerkende Gereiztheit, sobald einer von ihnen über den anderen spricht. Offenbar sind die Positionen unvereinbar.

Lassen Sie mich deshalb nur an Fühmanns Rede auf dem VII. Kongreß erinnern, an die dort von ihm vorgetragenen

sechsundzwanzig Thesen zur Kritik. Und ich denke, wir befinden uns auf der Höhe der Zeit, wenn wir uns bei diesem Thema mit seinen Gedanken befassen.
Zwei Punkte will ich hinzufügen:
Erstens: Autoren wissen, daß sie, was und wie immer sie schreiben, vor allem über sich schreiben. Mit ihrem Blick auf den Gegenstand ihrer Arbeit offenbaren sie vor allem sich selbst. Kritikern ist, meiner Beobachtung nach, entgangen, daß sie ähnlich den Autoren willentlich oder auch unwillentlich vor allem von sich erzählen. Literaturkritik, Kunstkritik zu zeitgenössischen Werken kann bekanntlich keine Wissenschaft sein. Eine Wissenschaft hat Normen, Leitsätze, überprüfbare Kriterien, ein System unumstößlicher Wahrheiten, die ab und zu umgestoßen werden. All das, mit Ausnahme des letzten, fehlt selbstverständlich bei der Betrachtung neuer, entstehender Kunst. Gäbe es dafür bereits eine wissenschaftliche Betrachtungsmöglichkeit, könnte man gültige Regeln ableiten, sie einem Computer eingeben und diesem die Kunstproduktion überlassen. Aber diese Regeln und Kriterien fehlen, wir haben sie nur für die Kunstwerke früherer Zeiten, aus denen wir sie ableiteten und mit denen wir lediglich Verlängerungen produzieren könnten.
Bei der Betrachtung neu entstehender Kunst fehlt die Sicherheit, die Wissenschaft zu bieten hat. Der Kritiker zeitgenössischer Werke ist unberaten, und seiner Ratlosigkeit hilft er gelegentlich mit Vehemenz des Urteils auf. Was er verkündet, ist und kann nicht mehr sein als lediglich seine Meinung. Und diese Meinung kann uns manchmal etwas vom Kunstwerk erzählen, immer aber über die Person, über den Kritiker. Die arroganteste, dümmlichste Kritik taugt immer noch als Offenbarungseid des Kritikers. Er erzählt in

Inhalt und Stil vor allem über sich selbst. Kritiker haben, anders als Autoren, dies bisher nicht wahrhaben wollen.
Zweitens: In den letzten zehn Jahren fiel mir bei den in unserem Land veröffentlichten Kritiken auf, daß sich die Kritik nahezu ausschließlich mit dem Inhalt der rezensierten Werke beschäftigt. Kritiken, die auch die Form berücksichtigen, sind eine seltene Ausnahme geworden. Ich halte das für eine fatale Beschränkung. Wirklich neue Werke haben auch eine neue Form; wenn man diese vernachlässigt und nicht wahrnimmt, muß das zwangsläufig zu Fehlinterpretationen des Inhalts führen. Eine Inhaltsangabe mit anschließender moralischer Wertung ist alles mögliche, aber keine Rezension. Daß die Form eines Werkes sich schwieriger erschließt als sein Inhalt, ist eine alte Wahrheit; diese Schwierigkeit entbindet jedoch den Kritiker nicht von der Pflicht, es zumindest zu versuchen. Als Beispiel für eine Fehlinterpretation, die sich durch mangelndes Verständnis für die Form zwangsläufig ergab, könnte ich Brauns »Hinze-Kunze-Roman« nennen. Aus aktuellem Anlaß will ich ein jüngeres Beispiel dieser Art Dummheit bei der Betrachtung eines Kunstwerkes anführen:
In den letzten Wochen las ich in zwei Zeitungen Rezensionen des sowjetischen Films »Die Reue«. Das sich bei beiden Kritikern offenbarende Unverständnis für die groteske Form des Films führte sie zu einem totalen Mißverstehen des gesamten Films. Offensichtlich fehlt diesen Kritikern das einfachste Handwerkszeug ihres Berufes. Und es verschlimmert den argen Zustand der Kritik, wenn dann – bedingt durch den fehlenden Sachverstand – mit Worten wie »Geschichtspessimismus«, »ethischer Nihilismus«, »Weltverdruß«, »Denunziation«, »Fatalismus« losgeprügelt wird, also mit den, wie Heiner Müller sagt, »Lieblingsvokabeln

verhinderter Zensoren, aus denen sich die akademische Journaille heute wie gestern rekrutiert«. Die Kritik selbst ist grotesk, da sie bei dem genannten Film eben das vermißt, was überreich in ihm vorhanden ist, nämlich: Engagement, Verantwortung für die Gesellschaft, sozialistischer Humanismus, eine wahrhaft kommunistische Haltung bei der notwendigen Aufarbeitung unserer Geschichte. Denn so unerbittlich genau und unbeirrt kann nur ein Künstler arbeiten, der trotz der Verbrechen der Stalinzeit die Hoffnung auf den Kommunismus als einzige humane Alternative nicht aufgab.

Vielleicht gibt es eine Möglichkeit, die Ausbildung unserer Kritiker zu verbessern. Vielleicht könnte ein Befähigungsnachweis das Schlimmste abwehren. Ich denke, es ist nicht ehrenrührig, wenn einer unfähig ist, Kritiker zu sein, es gibt andere Berufe. Jede Volkswirtschaft braucht auch einen Bock, nur sollte sie ihn nicht als Gärtner einsetzen.

Und ich hoffe, daß der Film bald in unseren Kinos vorgeführt wird, denn nicht alle konnten oder wollten ihn im westdeutschen Fernsehen und nicht alle konnten ihn wie ich im Haus der sowjetischen Kultur sehen. Nach diesen Rezensionen ist der Progress-Filmverleih verpflichtet, ihn einzusetzen; das verlangt die politische Moral unseres Landes, der durch diese Art von Kritik Schaden zugefügt wurde.

Ich wollte jetzt über jene Klippschule sprechen, in die noch immer einige Literaturwissenschaftler und Philosophen, selbsternannte Oberlehrer der Nation, uns, Leser und Autoren, zu setzen versuchen; ich wollte über Harichs Nietzsche-Artikel sprechen. Aber Hermann Kant und vor allem Stephan Hermlin haben gestern dazu das vorerst Nötige gesagt. Wir benötigen nicht das Erbe und die Erben Stalins und Schdanows. Nietzsches Werk bedarf einer kritischen, sehr kritischen Prüfung. Voraussetzung dafür aber ist die überfällige und gleichfalls kritische Ausgabe seiner Arbeiten. Wenn Harichs verspäteter Versuch einer erneuten Säuberung letztendlich dies bewirkt, sei er schon heute bedankt.

Ich will es bei diesen Bemerkungen zur Literaturwissenschaft und -kritik bewenden lassen. Es langweilt mich, die Schelte zu wiederholen und die Gegenschelte anzuhören, nicht weil das eine oder das andere unzutreffend, sondern weil beides lange bekannt ist.

Unsere Gesellschaft hatte und hat einige Schwierigkeiten, mit Widersprüchen zu leben, sie zu akzeptieren. Gewöhnlich werden allenfalls nichtantagonistische Widersprüche anerkannt, also jene, die sich allein unter den Teppich kehren, wenn man sie nur betrachtet. In den letzten zehn Jahren aber hat selbst die Philosophie bemerkt, was dem Volk aus praktischer Anschauung immer bekannt war: Auch die sozialistische Gesellschaft hat wie jede Gesellschaft ihre unlösbaren Widersprüche, die mit der Gesellschaftsform untrennbar verbunden sind und die nur mit der Veränderung der Gesellschaft aufhebbar sind. Wir haben zu lernen, mit ihnen umzugehen, ihre Bewegungen auszuhalten, und mehr noch: diese teilweise schmerzlichen Widersprüche im Interesse der Entwicklung unserer Gesellschaft zu nutzen.

Vielleicht ist das Verhältnis von Literatur und Literaturkritik, von Autor und Kritiker ein allen Gesellschaften eigener antagonistischer Widerspruch. Die Geschichte scheint das jedenfalls zu belegen. Vielleicht müssen wir lernen, damit zu leben, als Hund und Katz. Und vielleicht sollten wir mit diesem mißlichen, aber doch möglichen Verhältnis zufrieden sein. Denn wenn wir nicht mehr wie Hund und Katz miteinander auskommen, schwierig miteinander auskommen, dann bleibt uns möglicherweise nur noch eine Beziehung wie die zwischen Katz und Maus. Das würde dann schnell jeden Widerspruch lösen. Aber da unsere Literaturgesellschaft auch diese Erfahrung machen mußte, sollten wir ein solches Verhältnis wegen dieser Erfahrung für alle Zukunft verhindern.

5. Über die Stille auf unseren Bühnen

Nun wäre über die Wirkungen unserer Literatur auf unserem Theater zu sprechen. Aber was da zu vermelden ist, sind allein Klagen. Auf jedem Schriftstellerkongreß, in jedem Gespräch mit einem Dramatiker wird der gegenwärtige Zustand als unhaltbar bezeichnet, und Jahr für Jahr klagen stereotyp die Theaterkritiker über das fehlende Engagement unserer Theater für unsere Dramatik. Der unhaltbare Zustand aber dauert an. Unhaltbare Zustände neigen dazu, sich endgültig zu etablieren. Und statt über fehlende Wirkungen zu sprechen, wäre es angemessener, Sie aufzufordern, sich von Ihren Plätzen zu erheben und mit einer Minute des Schweigens unserer Dramatik zu gedenken.
Immer wieder gab es Versuche der Dramatiker, des Bühnenverlages, des Ministeriums, den neuen Stücken eine den anderen literarischen Genres vergleichbare Chance zu geben. Bislang war alles vergeblich.
Im Juni dieses Jahres wurde von Theaterautoren, unter ihnen so namhafte Leute wie Helmut Baierl, Peter Hacks und Heiner Müller, in den Räumen der Akademie der Künste eine Arbeitsgruppe gebildet, die einige »Maßnahmen zur Einleitung einer Genesung des Verhältnisses zwischen DDR-Dramatik und DDR-Theater« erarbeitete mit der Absicht, alle DDR-Dramatiker zu vertreten. Ich zitiere aus diesem Papier eine einzige Forderung, sie erhellt besonders

deutlich den gegenwärtigen Zustand: »Bestallung eines verantwortlichen Zensors mit Begründungspflicht; Erlaß einer Zensurprozeßordnung.«

Das heißt, während die anderen Genres einen Fortschritt in der Abschaffung der Zensur sehen, fordern die Dramatiker sie für sich, jedoch eine offene, durchsichtige, beweisfähige, diskutierbare Zensur.

Allerdings befürchte ich, daß selbst eine Zensurprozeßordnung wenig ändern wird, wenn selbst eine erfolgte zentrale Genehmigung für ein Bühnenmanuskript folgenlos bleibt. Die für so viele Stücke unüberwindliche Hürde ist das Theater. Als lokales Kulturhaus untersteht es lokalen Behörden, denen die zentrale Entscheidung wenig bedeutet und die mit lokalem Blick das Manuskript erneut prüfen.

Die Kollegen, die mit dem Theater weniger vertraut sind, bitte ich, sich vorzustellen, ihr gedrucktes, fertiges Buch wird von jedem Bezirk, jedem Kreis, jeder Stadt erneut daraufhin geprüft, ob es in den Buchhandlungen ihres Zuständigkeitsbereiches verkauft werden darf.

Solange nicht der Intendant für seinen Spielplan zuständig ist,

solange Stücke, über die man sich streiten kann, in den verschiedenen Schubladen des Ministeriums oder der Bezirksleitungen oder der örtlichen Behörden oder der Theater bleiben, bis sie zur Unstrittigkeit gealtert sind,

solange ein Intendant mit der Produktion neuer Stücke seine Position gefährdet und nicht wie ein Leiter anderer Produktionsbetriebe genötigt wird, innovativ auch bezüglich der Stücke und Spielpläne zu arbeiten und es wie bei anderen Direktoren zu seinen Pflichten gehört die Produktion neuer Stücke durchzusetzen, solange es dem Intendanten erlaubt und sogar bekömmlicher ist, allein aufs Bewährte zu setzen und die unaufhörliche Verlängerung,

solange nur Stücke, die so lustig wie problemlos sind, ohne Schwierigkeiten auf unsere Bühnen kommen, aber es unüberwindbare Probleme gibt, wenn ein Stück weniger lustig ist oder gar zum Streit anregt,

so lange werden wir vielleicht ein unterhaltsames Theater haben, aber kein Theater als öffentliches Forum, kein Theater der Gegenwart. So lange werden wir weiter Boden verlieren, jenen Boden, auf dem als eine der schönsten und der unzweifelhaftesten Früchte unserer Zivilisation unsere Kultur gedeihen kann. So lange werden die Regisseure die Theaterautoren aufsuchen, um sie nach einer Bühne zu fragen, auf der sie dies oder jenes Stück inszenieren können, da es in ihrem eigenen Theater nicht möglich ist. Aber so lange haben die Theater auch jedes Recht verloren, sich auf die deutschen Dramatiker von Lessing bis Büchner zu berufen, auf jene Dramatiker also, die zu Lebzeiten gleichfalls vom Theater ausgeschlossen waren.

Natürlich, es gibt Aufführungen neuer Dramatik, aber es gibt kein Theater, das sich kontinuierlich für die nationale Dramatik oder einen unserer Dramatiker einsetzt. Das unterscheidet unser Theater von dem unserer Nachbarländer, und das ist nicht die Schuld unserer Theaterleute.

Theater ist ohne Engagement nicht denkbar, ein öffentliches Engagement, ein politisches Engagement, ein Engagement für die eigene Zeit. Das schließt ein Engagement für die Werke der zeitgenössischen Autoren ein. Keiner unserer Buchverlage, der nicht ein außerordentliches und beispielgebendes Engagement für seine Autoren zeigt, die lebenden wie die toten. Unsere Theater sind einseitiger engagiert.

Die heutige Zurückhaltung der Bühnen gegenüber der DDR-Dramatik und DDR-Dramatikern hat einen Grund in der immer wieder erfolgten Maßregelung und Zerstörung jener förderlichen Verbindungen zwischen Autor und Theater, die es einmal – nicht generell, aber hier und da – in unserem Land gegeben hat. Ich erinnere an Wolfgang Langhoffs öffentliche Entschuldigung im April 1963, ein erschütterndes Zeugnis für ein zerstörtes Engagement. Ich denke, das Theater hat aus verständlichem Selbsterhaltungstrieb dieses Engagement fallengelassen. Die wenigen Theater, die heute noch mit einem Autor verbunden sind, nutzen ihn offenbar nur noch als schmückendes Aushängeschild: die praktische Arbeit bleibt aus. Das ist kein Engagement für Autoren, man hat sie lediglich engagiert.
Ich möchte noch auf ein juristisch-ökonomisches Problem verweisen, das dem Verband und seinem Justitiar ermöglichen könnte, für die Stückeschreiber tätig zu werden:
Die Theater sind subventionierte Kultureinrichtungen. Die Gesellschaft stellt vermittels des Staates Subventionen zur Verfügung, die er dem Theater als Treuhänder übergibt. Nur durch die Subventionen ist unser Theatersystem finanzierbar, können Intendanten, Regisseure, Schauspieler, Bühnenarbeiter und Bühnenpförtner bezahlt werden. Ich denke, es liegt eine Veruntreuung dieser gesellschaftlichen Subventionen vor, wenn der Theaterautor grundsätzlich davon ausgeschlossen ist.
Ein anderes, jahrzehntelang übliches Unrecht, nämlich eine durch die gleichen Subventionen verursachte Reduzierung der Tantieme des Autors, wurde vor kurzem durch ein Prämiensystem ausgeglichen. Das System ist fragwürdig und funktioniert nachweislich schlecht, aber es ist ein Versuch, der etwas verbesserte und der selbst verbessert werden

sollte. Und da dieses jahrzehntelang übliche Unrecht getilgt werden konnte, sollte auch das andere verschwinden.
Natürlich weiß ich, daß wir nicht vermittels finanzieller Forderungen und mit einem Justitiar das den Theaterautoren zustehende gesellschaftliche Engagement der Theater erzwingen können. Aber es könnte helfen, der Forderung nach diesem Engagement Nachdruck zu verleihen.
Wenn ich ungefragt jungen Dramatikern einen Rat geben darf: Schreiben Sie Prosa, unsere Buchverlage werden sich für Sie engagieren. Schreiben Sie Prosa oder lernen Sie beizeiten die demütige Haltung des um Almosen bittenden Bettlers.

6. Last and least: der Autor

Die Wirkungen und Rückwirkungen von Literatur auf den Autor sind vielfältig und widersprüchlich. Sie bewirken Erfahrungen und das Ende aller Erfahrungen, da mancher Autor nur noch jenen Teil der Welt wahrnimmt, der bereit ist, ihn selbst wahrzunehmen; sie bewirken Selbstbewußtsein und Zweifel an dem Wert der eigenen Arbeit, Kollegialität und Neid, berechtigten Stolz und stets unberechtigte Eitelkeit. Aber das sind jahrhundertealte Wirkungen von Literatur, und darüber müssen wir nicht reden, zumal der große Karl Kraus sie in die bösen und für alle Autoren tröstlichen Worte faßte: Wenn ein Stück Erfolg hat, freut sich einer, der Autor, wenn es ein Mißerfolg ist, freuen sich alle.
Sprechen wir über die besonderen Wirkungen der Literatur auf Autoren in unserem Land. Ich werde von zwei Wirkungen und Auswirkungen sprechen.
Ich sprach vorhin davon, daß man mit einigem Recht die DDR ein Buchleseland nennen kann. In anderen Ländern

liest man sehr viel mehr und manchmal, so scheint es, ausschließlich Zeitungen und Zeitschriften. Nur sehr wenige Länder, wie zum Beispiel neuerdings die Sowjetunion, kann man als ein Leseland für Buch und Zeitungen bezeichnen. Es hat sich dort offenbar etwas verändert, was ein höherer Moskauer Funktionär, wie wir kürzlich im Verband hörten, mit den Worten beschrieb: »Man schlägt am Morgen die Zeitung auf und weiß nicht, was drinsteht.«

Für Autoren ist es durchaus eine zweischneidige Angelegenheit, in einem Land zu leben, das vor allem Bücher liest. Die schöne Seite ist bekannt, das sind vergleichsweise hohe Auflagen, ständig und schnell vergriffene Bücher, eine hohe Wertschätzung ihrer Urheber, ein – zumindest außerhalb von Presse und Medien – nicht abreißendes Gespräch über Bücher und ihre Themen.

Problematischer ist die hohe und, wie ich meine, zu hohe Bedeutung, die man hierzulande Autoren beimißt. Man neigt dazu, sie – willig oder gegen ihren Willen – auf einen Sockel zu heben und dem Schriftsteller eine übergroße Autorität zu verleihen. Auf einem Sockel aber läßt sich nicht arbeiten, weil auf ihm keine Erfahrungen zu machen sind, ohne die unsere Arbeit nicht möglich ist.

Denn Schriftsteller sind, denke ich, Chronisten. Schreiben ist nach meinem Verständnis dem Bericht-Erstatten verpflichtet. Natürlich ist es die Chronik eines Schriftstellers, sie ist nicht objektiv, sondern sehr viel mehr: Sie ist eingreifend und realistisch und phantastisch und magisch, Poesie eben. Eine Chronik, die von einem Menschen, dem Schriftsteller, und seiner Welt erzählt und nur dann und nur dadurch von Interesse ist. Dafür sind Erfahrungen die Voraussetzung. Und für Erfahrungen ist ein Sockel oder Thron im 20. Jahrhundert bekanntlich ungeeignet, dort macht man

Erfahrungen nur aus zweiter Hand, second-hand bestenfalls.

Der Sockel, von dem ich spreche, besteht aus massiven Gründen, die auszuräumen überfällig ist. Einmal ist es die fehlende beziehungsweise unzureichende Presse, die das Publikum dazu bringt, vom Schriftsteller das Fehlende zu fordern. Eine Erwartung, die zu erfüllen für die Literatur vielleicht ehrenhaft ist, aber auch ebenso unbekömmlich. Literatur kann und soll und darf nicht Ersatz von Publizistik sein.

Ein anderer Grund ist eine andere Presse, die von Schlagzeilen lebt und daher – da es seit der Erfindung der Presse nur zwei Schlagzeilen gibt, nämlich: Der König ist tot, und: Es lebe der König! – sich unentwegt darum müht, zu krönen und zu köpfen. Und mag für den Autor auch das eine behaglicher sein als das andere, tödlich ist ihm beides. Ein Thron aus Zeitungspapier und den Drähten der Medien ähnelt schon äußerlich einem Schafott.

Der dritte massive Grund ist der unaufgeklärte Leser, der es sich in seiner selbstverschuldeten Unmündigkeit behaglich einrichtete und den Autor benötigt als Chorführer und Mentor, als Unterschlupf und Obdach. Aber wenn wir eine öffentliche Kultur haben wollen, eine Kultur der Öffentlichkeit, müssen wir auf Lebensweisheiten wie »Hannemann, geh du voran, du hast die größeren Stiefel an« verzichten lernen.

Sich einerseits hinter einer anderen Person, einem lebenden oder toten Autor, zu verstecken und andererseits Öffentlichkeit zu fordern – das macht keinen Reim. Das Problem zeigt sich im Zitat: Das Zitieren, das Verwenden fremder Gedanken, beweist sowohl Bildung, Kultur und Belesenheit wie auch geistiges Phlegma. Das Zitat hat unsere Meinung zu kräftigen oder gar zu beweisen, es soll unser schwaches Rückgrat stärken, aber es ist auch der Verzicht auf die eigene geistige Leistung, auf die eigene und offen vorgetragene Haltung. Das Zitat kann eine glänzende Waffe sein, aber der sie gebraucht, will nicht selbst zum Kampf antreten, sondern schickt den Urheber des Zitats ins Gefecht. Und das ist – wenn das Zitat die einzige vorgezeigte Haltung ist – unserer öffentlichen Kultur abträglich und macht Literatur wichtig mit falschen Gewichten.

Eine weitere Bemerkung zur Literatur und ihren Wirkungen auf den Autor wurde mir erst möglich, seitdem der Reiseverkehr auch in westliche Länder für die Bürger meines Landes sich zu normalisieren beginnt. Die bislang erreichten, gewährten oder erkämpften Ausnahmen – etwa für Künstler, für Schriftsteller – sind, was immer sie auch sonst bedeuten, Privilegien. Und Privilegien sind Krebsgeschwüre einer sozialistischen Gesellschaft, denn sie schaffen Klassen, die sich durch Vorrechte unterscheiden, die durch Ausnahmen voneinander getrennt sind, denen durch Sonderrechte eine Verständigung erschwert wird. Privilegien vernichten eben damit jene Öffentlichkeit, die Voraussetzung der Arbeit aller Künstler ist. Sie vernichten damit die Wirkung ihrer Arbeit, und mit der Wirkung zerstören sie letztendlich die Künstler selbst.

Jetzt, da dieses Privileg sich endlich in einem allgemeinen Recht aufzulösen beginnt, ist über eine andere Gefahr unserer Literatur zu sprechen, den Provinzialismus. Nicht alle haben die Fähigkeit und Kraft wie Immanuel Kant, die Welt in ein kleines Königsberg zu holen: sie müssen in die Welt, um sie zu erfahren, um sie erfassen zu können, um sie mit ihrer Kunst sinnlich begreifbar zu machen. Hinderlich sind dabei manche Beschränkungen, auch und nicht zuletzt die ökonomischen. Der Verband sollte alle Möglichkeiten nutzen, die trotz dieser Beschränkungen zur Verfügung stehen, um Schriftsteller in die Welt zu schicken. Aus dem Recht zu reisen muß eine Pflicht werden – im Interesse unserer Literatur.

Und es gibt noch ungenutzte Möglichkeiten. Ich nenne hier nur ein Beispiel: die Villa Massimo in Rom, eine Stiftung aus dem Jahre 1910, die deutschen Künstlern aller Genres einen Italienaufenthalt ermöglichen soll. Nach dem zweiten Weltkrieg konnten jedoch nur noch die westdeutschen Kollegen diese Stiftung nutzen. Ich bitte den Verband, daß er in Zusammenarbeit mit den anderen Künstlerverbänden und der Regierung unseren unverändert bestehenden Anspruch auf diese Villa durchsetzt. Und ich bitte auch die westdeutschen Kollegen und die Künstlerverbände der BRD, uns dabei zu unterstützen. Heute, wo selbst rechte Parteien der BRD den Alleinvertretungsanspruch nicht mehr oder doch sehr viel verschämter für sich in Anspruch nehmen, sollten sich unsere westdeutschen Kollegen aufgefordert fühlen, darüber nachzudenken, ob nicht auch sie davon Abstand nehmen wollen. »Deutschland und DDR« oder gar »Deutschland gegen DDR«, da sind nicht nur falsche Termini zu berichtigen. Der Korrektur der Sprache sollte eine Korrektur der Praxis folgen. Seien Sie uns behilflich, ein vier Jahrzehnte andauerndes Unrecht – nämlich Ihre alleinige und damit stiftungswidrige Nutzung der Villa Massimo – zu beseitigen.

Ein letzter Gedanke zur Förderung unserer Künste. Von der Antike bis zum Kapitalismus gab es, um das bornierte, eingeschränkte Interesse des Staates auszugleichen und die Bewegung der Künste zu gewährleisten, das Mäzenatentum. Ihm verdanken wir einen Teil der erstaunlichsten

Kunstwerke, erstaunlich, weil sie gegen die Interessen früherer Staaten standen oder von ihnen negiert wurden. Heute ist das Mäzenatentum in den kapitalistischen Staaten fast verschwunden beziehungsweise degeneriert als Möglichkeit für Wertanlage und Steuerabschreibung. Echte Mäzene sind eine Ausnahme geworden, die Zukunft wird diesen Verlust stärker zu beklagen haben.

In den sozialistischen Staaten kann es, da es kein Privateigentum gibt, auch keine Mäzene geben. Aber es gibt auch keine vergleichbare Einrichtung. Natürlich könnten wir sagen, im Sozialismus ist der Staat der Mäzen, und gelegentlich sagt das auch der Staat. Aber ein Staat hat, wie Lenin sagt, andere Aufgaben, er hat divergierende Interessen zu lenken, sein Gewaltmonopol zum Nutzen des Staates einzusetzen, Interessen und Bedürfnisse des Volkes und der Volkswirtschaft auszugleichen. Jeder Staat, auch der unsrige, und jede staatliche Kultureinrichtung – ein Verlag, eine Filmfirma, ein Museum – hat notwendigerweise beschränkte Interessen. Ein Verlag zum Beispiel zeigt Interesse für ein Manuskript genau so lange, wie er eine Möglichkeit zur Publikation sieht, denn das ist sein Geschäft. Aber immer wird es – und ich will bei dem gewählten Beispiel Verlag bleiben – Manuskripte geben, die nicht zu publizieren sind. Ich will politische Schwierigkeiten bei einem Manuskript jetzt außer acht lassen: für die Publikation dieser Manuskripte sorgt, wie gesagt, mit zeitlicher Verzögerung die Zensur. Aber es gab immer und gibt Werke der Kunst, deren hohen Kunstwert erst spätere Zeiten erkennen und wohl auch erst erkennen können. Das Selbstverständnis einer Epoche eröffnet Möglichkeiten und verschließt ebenso natürlich Möglichkeiten. Weder der Verlag noch der Staat, noch das Individuum sind daran schuld, es ist eine Beschränkung der

Zeit. Und ihr unterliegen auch wir; ein Schelm, der nur Gutes von sich denkt.
Sollten wir nicht daher, um dieser Beschränkung willen und einer Zukunft wegen, der wir Kunstwerke schulden, da wir Kunstwerke früherer Zeiten geerbt haben, überlegen, ob nicht Bewegungsformen zu finden und zu erschließen sind, die, unserer eigenen Beschränkung trotzend, eine Kunst ermöglichen, für die uns erst eine spätere Generation danken kann. Vielleicht können die Künstlerverbände und die Akademie der Künste ein solches – in Ermangelung eines besseren Wortes nenne ich es: sozialistisches – Mäzenatentum ermöglichen. Daß es uns nötig ist, ist beweisbar: ich will hier und stellvertretend nur den Namen Alfred Matusche nennen.
Literatur und Wirkung – ich denke, wir haben einiges bewirkt, und wir haben noch viel zu bewirken. Ich wünsche uns allen dazu Kraft und Mut und Rückgrat.

Die Zeit, die nicht vergehen kann oder Das Dilemma des Chronisten

Gedanken zum Historikerstreit anläßlich zweier deutscher vierzigster Jahrestage

Nationen besitzen in ihrer Entwicklung einen Stand der Unschuld, von dem sie, wie Kinder, nichts wissen. Sie nehmen diese Unschuld wahr und begreifen sie in dem Moment, in dem sie ihrer verlustig gehen. Doch üblicherweise beharren sie – auch hier vergleichbar der menschlichen Entwicklung – von nun an auf ihrer längst verlorenen Unschuld. Diese mangelnde Selbsterkenntnis ist unfähig, die eigene Schuld zu sehen, und daher anrührend und gefährlich: Sie hat den Reiz ursprünglicher Tugend und die bedrohliche Hemmungslosigkeit des mörderisch Selbstgerechten. »Jedes Volk«, sagt Nietzsche, »hat seine eigne Tartüfferie und heißt sie seine Tugenden. – Das Beste, was man ist, kennt man nicht, – kann man nicht kennen.« Wir fügen, mit den späteren Erfahrungen, hinzu: Das Schlimmste, was man ist, kennt man nicht, denn es ist unerträglich, sich wirklich ins Gesicht zu sehen.

In einem uns sehr fernen deutschen Jahrhundert gab es eine Selbstdefinition unseres Nationalcharakters, die in dem Wort »Deutschland ist Hamlet« kulminierte. Der Satz erhellt viel vom Selbstverständnis der Deutschen, ihrem Anspruch und der philosophischen Grundierung: jung und schwarzgewandet, einsam und unverstanden, edel und beneidet, gerecht und bedroht, zögernd gegenüber Feinden und ihnen deswegen schließlich ausgeliefert.

Eine Revision dieses Bildes ist unnötig. Die letzten achtzig Jahre haben es unauffindbar hinweggewischt. Weder wir noch unsere Nachbarn denken heute bei Deutschland an Hamlet. Es gibt andere, unabweisbarere Assoziationen, die freilich kaum freundlichere Farben aufzuweisen haben. Die Nation auf den Begriff zu bringen, ist schwieriger geworden. Daß es zwei Staaten einer deutschen Nation gibt, ist dabei nur eine der Schwierigkeiten, wenngleich es beiden deutschen Staaten aus sehr verschiedenen Erwägungen schwerfällt, dies zu erkennen und auch anzuerkennen.

Ein Staat, die DDR, hat sich damit abgefunden, mit einem anderen Staat durch eine gemeinsame Geschichte und nationale Bindung nolens volens verknüpft zu sein, und beharrt lediglich darauf, der fortschrittlichere Teil zu sein. Er setzte langfristig auf den Systemvergleich, auf den Vergleich zwischen einem von Markt, Profit und Ausbeutung beherrschten und einem von Ausbeutung freien Staat, versehen mit einem dichten sozialen Netz für die gesamte Bevölkerung. Sein unlösbares Dilemma: der Sozialstaat ermöglicht allen ein sorgloses Leben, unbesorgt allerdings auch um die eigene Leistung. Mit dem Profitsystem wurde die Arbeitslosigkeit abgeschafft, mit der Arbeitslosigkeit jedoch auch jedes wirksame Leistungsprinzip und damit die effektive Arbeit. Aus der Arbeiterklasse wurde eine Kaste von Berufsbeamten, unkündbar, schlecht bezahlt, frustriert und uninteressiert an der eigenen Arbeit. Das soziale Netz wurde zur Hängematte, aus der nicht der erwünschte, sondern ein völlig anderer Systemvergleich gezogen wird: Die soziale Sicherheit, ohnehin angegraut als eine Forderung aus dem 19. Jahrhundert, verblaßt vor den leuchtenden Farben der Konsumgesellschaft.

Der andere deutsche Staat, die Bundesrepublik, schuf mit den alten kapitalistischen Mitteln ein funktionierendes Wirtschaftssystem auf der alten Basis: Heil den Siegern und

Weh den Besiegten. Als Staat hält sie dagegen, demokratischer zu sein, kann sich mit der anderen deutschen Existenz nicht abfinden und übt sich im pars pro toto: Unterderhand und wenn keiner es bemerkt, setzt sie sich für Deutschland. Wird sie bei der Schwindelei ertappt, belächelt sie die Kleinlichkeit des Hinweisenden. Aber ist es tatsächlich nur eine »läßliche Verkürzung«, wenn Westdeutschland sich als »Deutschland« begreift, wenn als »Deutscher« sich allein der westdeutsche Bürger angesprochen sehen will?

In den letzten Jahren, bis zum Oktober 1989, vermieden es beide deutsche Staaten, über ihr altes Lieblingsthema »Eine Nation – zwei Staaten« zu reden. Das benachbarte Ausland nahm das mit Erleichterung zur Kenntnis. Es war die Erleichterung von Bewohnern eines Hauses, in deren Nachbarwohnung der laute Streit endlich einmal verstummt.

Derzeit wird das Ruhebedürfnis unserer Nachbarn wieder einmal strapaziert. Der scheinbar unendliche und unaufhaltsame Flüchtlingsstrom war eben dabei, auf beiden Seiten der Mauer einen neuen Kalten Krieg auszulösen. Auf der einen Seite, in der DDR, sollte der Kalte Krieg die ansonsten einen Offenbarungseid erfordernden Verluste erklären und für die Zukunft verhindern. Auf der anderen Seite sprach und spricht man ausgerechnet jetzt von der Wiedervereinigung, die zu keinem Zeitpunkt illusorischer war.

Wiedervereinigung ist ein Agreement, ein Kompromiß von Geben und Nehmen. Zur Zeit aber sieht sich Westdeutschland durch nichts veranlaßt, der DDR irgend etwas zuzugestehen, und die DDR dürfte kaum in der Lage sein, noch mehr ihrer Substanz an Westdeutschland abzugeben.

Selbstverständlich ist ein künftiges Agreement der beiden deutschen Staaten, das zu einer Konföderation oder auch zu einer Vereinigung führt, denkbar. Eine der Voraussetzungen dafür jedoch ist, daß beide Partner der Übereinkunft als Souveräne verhandeln. Daß die westdeutsche Seite das Thema in dem Moment auf den Tisch legt, in dem die DDR erhebliche Schwierigkeiten mit ihrer gesellschaftlichen und staatlichen Identität hat, stimmt bedenklich: Mit der Wiedervereinigung der Nation kann zum gegenwärtigen Zeitpunkt nur die Einverleibung der DDR gemeint sein. Damit aber droht zumindest die Gefahr eines erneuerten Kalten Krieges. Die Journaille hatte im Spätsommer 1989 bereits auf beiden Seiten aufgerüstet und schon vorsorglich die Vernunft zum Schweigen gebracht.

Die Berliner Mauer zeigte im Spätsommer 1989 eine – nach 28 Jahren zu erwartende – Materialermüdung und fiel im November in sich zusammen. Der Bau der Mauer sollte Probleme lösen und baute unlösbare auf. Der Abriß der Mauer löste ein unlösbares Problem und schuf neue. Die Geschichte schätzt die Ironie: Ein gordischer Knoten wurde mit einem Streich durchschlagen, der Knoten muß dennoch und nun nachträglich entknüpft werden, was nach der schlagartigen Lösung des Knoten nicht einfacher geworden ist.

Die größere Schwierigkeit, zu definieren, was deutsche Nation ist, rührt aus der Geschichte und dem aktuellen Umgang mit ihr. Der sogenannte Historikerstreit vor zwei, drei Jahren machte das manifest, aber er zeigte nur eine der Spitzen jenes Eisberges.

Hamlet ist als Bild, als Metapher für Deutschland untauglich geworden. Ich bezweifle sogar, daß diese Tragödie und dieser Held je ein geeignetes Bild für uns abgegeben haben. Doch es ehrte natürlich eine Kulturnation, sich in einem großen Stück der Weltliteratur gespiegelt zu sehen.

Um beim Versuch, nach einem für die deutsche Nation geeigneten Topos zu suchen, die dramatische Literatur nicht ganz aufzugeben, biete ich zum Ersatz ein anderes Bühnenwerk zur Selbsterkenntnis, Selbstfindung oder Sinnstiftung an. Es besitzt nicht den gleichen hohen Wert im tradierten Kulturverständnis, dafür aber einen hohen Gebrauchs- und Unterhaltungswert. In einem Zeitalter, in dem über die Kultur die Medien und die Journalisten befinden, hat dies einen entscheidenden zeitgemäßen und praktischen Vorteil: Es besitzt mit seinem Unterhaltungswert noch sein Existenzrecht. Denn Kultur, die nicht zu amüsieren versteht, wird durch die Demokratie der Einschaltquoten liquidiert.
Das Stück, das ich zur Identifikation anbiete, ist eine Posse mit Musik. Die Vermutung, daß nach Mozart und Hitler ein dritter Österreicher, Nestroy, in deutsche Dienste genommen wird, ist naheliegend, aber falsch. Der Autor ist Eugène Labiche, ein Franzose; das Stück heißt L'AFFAIRE DE LA RUE DE LOURCINE. Der Inhalt, mit dürren Worten nacherzählt: Zwei Schulkameraden, die sich gegenseitig herzlich verachten, treffen sich nach Jahren bei einem Bankett der ehemaligen Internatsschüler. Der reichlich genossene Alkohol bewirkt, daß sie sich am nächsten Morgen kaum noch an den vorangegangenen Abend erinnern können. Verschiedene Indizien weisen sie zu ihrem großen Erschrecken immer wieder darauf hin, daß sie offenbar, vom Alkohol ihrer Sinne beraubt, gemeinsam eine junge Kohlenträgerin ermordet haben. Diese Entdeckung, mehr aber noch die Furcht, als Urheber der Greueltat entlarvt zu werden, läßt sie sowohl verzweifeln als auch mörderische Pläne in ihnen reifen. Vergeblich versuchen sie sich gegenseitig und die Zeugen ihrer Untat umzubringen, bis sie endlich von ihrer Umgebung und aus der Zeitung erfahren, daß alles

nur ein Mißverständnis war. Alle Indizien für den Mord bekommen nun eine andere, freundliche Erklärung. Die beiden Schulkameraden, eben noch bereit, mörderische Konsequenzen aus ihrem Verbrechen zu ziehen, sind wieder unschuldig. Die Posse endet mit dem Lied: »Ja, Verbrechen lohnt sich nicht / Und hätt man's auch begangen. / Wir zwei beide war'n es nicht / Mehr können Sie nicht verlangen. / Ist's vorüber, lacht man drüber / Lachen ist gesund.«

Zwei Vier-Jahrzehnt-Feiern in den deutschen Landen liegen hinter uns. Happy birthday, es darf wieder gelacht werden. Geschichtsschreibung ist eine Frage der Erklärung, Schuld nur ein signifikanter Mangel an Begründung, Recht und Unrecht in der Geschichte eine Frage des überzeugenden oder geschickten Disputs, der Scholastik.

Wenn der Sieger sich vor der Geschichte nicht zu verteidigen braucht, so bedeutet dieser zynische Satz auch, daß der Verlierer den Historiker als Anwalt benötigt.

»Eine Vergangenheit, die nicht vergehen will«, dieses Motiv stand über der letzten westdeutschen Diskussion zum Nationalsozialismus. Eine ungewöhnliche Situation sei es, hieß es da (bei Ernst Nolte), wenn »eine Vergangenheit ... sich gegen ihr eigenes Wesen sperrt, Vergangenheit und eben nicht Gegenwart zu sein, eine Vergangenheit, die sich nicht damit begnügt, daß die Menschen sich ihrer erinnern, sie erforschen, sie rühmen oder beklagen, sondern die ›wie ein Richtschwert über der Gegenwart aufgehängt‹ ist«.

Es überrascht, einen solchen Gedanken ausgerechnet bei einem Historiker zu finden. Die Alliteration (Vergangenheit – vergehen) soll dabei offenbar einen Zusammenhang zeugen, der tatsächlich nicht herzustellen ist. Ich jedenfalls bezweifle, daß es das Wesen der Vergangenheit ist, nicht

Gegenwart zu sein. Im Gegenteil: Vergangenheit ist der unveränderbare, sichere und weitgehend auch gesicherte Teil unserer Gegenwart, freilich auch der durch seine Unveränderbarkeit, durch die Unmöglichkeit jeder nachträglichen Korrektur beunruhigendste und verstörendste Teil unserer Gegenwart.

Denn Vergangenheit vergeht nicht, kann nicht vergehen, so wie die Toten nicht sterben und kein zweites Mal begraben werden können.

Vergangenheit ist die aktuelle Chance von gestern. Wir haben sie genutzt oder vertan, sie ist unkorrigierbar geworden, aber auch unvergänglich. Wir müssen mit ihr leben, sie gehört zu unserem Leben, zu unserer Gegenwart wie zu unserer Zukunft. Daß dies keine leere Maxime ist, kein folgenloser Stammbuchvers, zeigt uns die Gegenwart.

Zukunft ist die (erhoffte oder gefürchtete) Bestätigung unserer Arbeit, ein künftiges und schon heute gültiges Maß, wie Gegenwart bewältigt und gestaltet wird. Gegenwart ist die zu nutzende Chance, die Zeit für einen einmaligen Auftritt, und sie vergeht, um dann für immer unvergänglich zu sein. Zukunft und Gegenwart vergehen, sind vergänglich – die Vergangenheit ist es nicht. Sie ist eine unveränderbare Größe, unkorrigierbar und insofern unmenschlich, weil sie sich nicht mehr im Bereich menschlichen Wirkens und Eingreifens befindet. Von Menschen gestaltet, hat sie – selbst unvergänglich – den vergänglichen Menschen aus sich entfernt, anders gesagt: Sie manifestiert seine Arbeit, ist sein Produkt, das nun als unveränderbares Monument unsere Gegenwart beeinflußt. Die Vergangenheit ist die Bühne, auf der wir zu unserem einmaligen Auftritt in der Gegenwart gerufen sind.

Ihre unveränderliche Beständigkeit ist der Grund, warum

die Vergangenheit uns fortgesetzt beschäftigt, beunruhigt, uns in Erklärungen, Deutungen und Interpretationen verstrickt.

Die zweite Hälfte unseres Jahrhunderts hat uns eine Fülle scheinbar oder auch tatsächlich unlösbarer Probleme geliefert. Einige von ihnen werden – das wissen wir heute bereits – für den Menschen von existentieller Bedeutung sein. Die Gelassenheit, mit der eine darüber unterrichtete Menschheit reagiert, könnte erstaunen. Und die Verwunderung müßte grenzenlos sein, wenn gleichzeitig und statt dessen in den verschiedenen Nationen und politischen Systemen heftigst geführte Kontroversen über die Vergangenheit, über die korrekte Sicht und Bewertung des Vergangenen einsetzen. Offenbar sind Gegenwart und Zukunft für den Menschen weniger bedrohlich als die unkorrigierbare Vergangenheit.

Gewiß sind bei Betrachtung und Bewertung der Vergangenheit die Interessen von Beschuldigten und Anklägern im Spiel, weist die eine Seite so vehement auf Irrtümer und Verbrechen, wie die andere bestrebt ist, die unstrittigen Leistungen in den Vordergrund zu rücken, das Unentschuldbare zu banalisieren und das Unerklärbare in einen erklärenden Kontext zu bringen. Ebenso gewiß ist, daß der Streit über die Geschichte ein Streit über vollendete oder doch abgeschlossene Handlungen ist, wogegen jede Diskussion über Gegenwärtiges und Zukünftiges immer spekulativ sein muß, da aus stattfindenden Bewegungen extrapoliert wird.

Vor allem aber, denke ich, sind gegenwärtige und künftige Probleme, auch wo sie scheinbar nicht zu bewältigen sind und innerhalb unserer Erkenntnis- und Handlungsmöglichkeiten kein Lösungsweg aufzufinden ist, allein dadurch weniger fürchterlich und schreckend für uns, weil sie sich noch in den Zeitfeldern befinden, in denen wir vorhanden

sind und eingreifen können. Erst wenn die Gegenwart vergangen ist, wird das ungelöste Problem zur nicht mehr korrigierbaren und unvergänglichen Katastrophe.
Nur die Vergangenheit kann – im Unterschied selbst zu unserer Zukunft – nicht mehr vergehen. Mit meinem Feind kann ich mich versöhnen, ihn kann ich am Fest des Jom-Kippur um Verzeihung bitten, sofern er noch Teil meiner Gegenwart ist, sofern ihn mein Haß nicht getötet und zu meiner unvergänglichen Vergangenheit gemacht hat. Denn dann kann es keine Versöhnung mehr geben, und er ist ein Teil der – wie Marx sagt – »Tradition aller toten Geschlechter, die wie ein Alb auf den Häuptern der Lebenden« lastet. Unlösbar und unvergänglich, verstörend und zerstörend.
»Lachen ist gesund«, mahnt uns die Posse. Die notwendigen Voraussetzungen dafür nennt – wir bleiben in der Unterhaltung – ein beliebter deutscher Sangestitel: Glücklich ist, wer vergißt, was doch nicht zu ändern ist. Lothar Baier bemerkt dazu: »Als hätte der manchmal unerträglich hellsichtige Nietzsche vorausgeahnt, was heute vor unseren Augen geschieht, heißt es in JENSEITS VON GUT UND BÖSE: ›Das habe ich getan, sagt mein Gedächtnis. Das kann ich nicht getan haben – sagt mein Stolz und bleibt unerbittlich. Endlich – gibt das Gedächtnis nach.‹ Stolz und Gedächtnis liegen jetzt miteinander im Streit, nicht irgendwelche Historikerschulen.«
Beim Nachdenken darüber, was ausgerechnet Historiker dazu bewegen konnte, auf das Vergehen der Vergangenheit zu insistieren, kommen mir mehr Zweifel als erhellende Erklärungen. Von den Parteiungen in jedem Historikerstreit abgesehen, die sogar zu einem Streit zwischen Gedächtnis und Stolz führen können, vermute ich, daß der Wissenschaftler das Vergehen einklagt um seiner Wissenschaft wil-

len. Der Gegenstand des Historikers ist a priori nicht alleiniger Gegenstand seiner Wissenschaft, sondern Allgemeingut, öffentliche Angelegenheit, Sache der res publica. Die Weihen seiner Profession räumen ihm kein Ausschließlichkeitsrecht ein. Er hat in seinem Fach eine Öffentlichkeit zu dulden, die ihm nicht erlauben will, seine Wissenschaft ausschließlich als Wissenschaft zu behaupten.

Der Mathematiker, der Naturwissenschaftler kennt solche Berührungsängste nicht; im Gegenteil, hier ist es die Öffentlichkeit, die vor der Berührung zurückschreckt, ihm die alleinige Verfügung überläßt und so unkritisch wie verständnislos die Ergebnisse seiner Arbeit betrachtet. Der Mathematiker, der Naturwissenschaftler hat – zumal in unserem Jahrhundert, das aufgrund der Fakten- und Erkenntnisexplosion alle wissenschaftlichen Disziplinen in winzige Forschungsbereiche aufsplittern mußte – nur noch einen äußerst eingeschränkten Kommunikationsbereich. Das interessierte Publikum, das seine Arbeitsberichte verstehend zur Kenntnis nehmen kann, ist nicht selten mit dem weltweiten Versenden von zehn Belegen zu befriedigen.

Die Geistes- oder Gesellschaftswissenschaften können die Ergebnisse ihrer Arbeit einem ungleich größeren Publikum vorlegen. Gelegentlich werden solche Arbeiten, zumal die von Historikern, geradezu spektakulär aufgenommen. Neueste Forschungen dieser Wissenschaften erfreuen dann auch Verleger und Buchhändler, die von der Physik und Chemie allenfalls Standardwerke zu vertreiben bereit sind.

Der Laie, der als schweigender Interessent willkommen ist, von diesen Wissenschaften aber als Dilettant gescholten wird, sobald er sich zu Wort meldet, verweist auf eine Beschränkung und eine Chance der Geistes- und Gesellschaftswissenschaften. Der Versuch, ihn ausgrenzen zu

wollen, ist töricht und allen Jahrhunderten mißlungen. Öffentliches Interesse wird sich stets stärker erweisen als jegliches Bemühen, einen Gegenstand der Öffentlichkeit dem Fachgelehrten vorzubehalten. Die betroffenen Wissenschaftler sollten hier eine Chance ihrer Wissenschaft erkennen und um die tatsächlichen Gefahren wissen (und sie von den eingebildeten und gelegentlich behaupteten zu trennen verstehen). Eine Front zwischen berechtigten Historikern und unberechtigten Dilettanten errichten zu wollen zeugt von einem durch Fachinteressen verursachten Unverständnis der res publica.
Geschichtsschreibung ist als reine Wissenschaft nicht zu haben; sie war stets von ideologischen Prämissen abhängig, von ihrer Gesellschaft und dem politischen Umfeld. Diese Abhängigkeit unterscheidet sie nicht von anderen Geisteswissenschaften, allerdings waren – durch den Forschungsgegenstand bedingt – die Versuche einer bewußten Einflußnahme durch das Umfeld bei der Geschichtsschreibung stets energischer und massiver.

Im Historikerstreit wurde noch ein weiteres Dilemma der Geistes- und Gesellschaftswissenschaften signifikant. Es äußerte sich in einem Vorwurf, mit dem der Gegner zugleich als lächerlich, anmaßend und zeitfremd dargestellt werden sollte. Dieser Vorwurf lautet »Sinnstiftung von und durch Wissenschaft«. Er wurde von jeder Seite als Beschuldigung erhoben und von jeder beschuldigten Seite als besonders infam zurückgewiesen. Die Beschwörung der Geschichte tauge nicht als nationaler Religionsersatz, hieß es da. Oder: Wissenschaft besitze prinzipiell keine normative Kompetenz. Oder: Geschichte und Geschichtsbewußtsein dürften nicht für die Bildung nationalen Bewußtseins genutzt und zur Konsolidierung des Nationalgefühls oder gar politischer Macht mißbraucht werden. Beschwörend wurde vor einer Geschichtsschreibung mit dem Zweck trans-rationaler Verankerung, einer tiefer grundierten Identität und kollektiv vermittelter Sinnstiftung gewarnt.

Ich halte solche Bedenken für gerechtfertigt, und ich teile sie sogar als Betroffener, denn nicht nur an die Geschichts- und Gesellschaftswissenschaften, auch an die Literatur werden immer wieder derartige Ansprüche gestellt. Der Autor, der ja *auch* ein Historiker ist, ein Schreiber von Geschichten mit einer vergleichbaren Zielstellung, nämlich Chronist der Zeit zu sein, allerdings mit anderen, nicht-wissenschaftlichen Mitteln, ist gleichfalls mit solchen zusätzlichen Forderungen konfrontiert, die literaturfremd und sogar literaturfeindlich sind. Auch er hat ein Publikum, das eben diese Leistungen von ihm erwartet. Und auch die Literatur kann mit Beispielen aufwarten, wo Schriftsteller aus den unterschiedlichsten Gründen ihr Metier verließen (polemisch gesagt: verrieten), um dem Publikum, einer herrschenden Clique zuliebe, solche Fürchterlichkeiten zu verabreichen.

Sinnstiftung und Religionsersatz. Wir sind uns schnell einig, daß es nicht die Aufgabe von Geschichtsschreibung und Literatur sein kann und darf, dem Staat und der Kirche beizuspringen. Der Dissens, die abweichende Meinung, die ja immer eine Abweichung von der herrschenden Meinung ist, wird von uns verlangt, um ein einseitiges, erstarrtes Bild zu korrigieren. Ein Chronist, also auch der Autor als Chronist seiner Zeit, ist als Religionsstifter untauglich, da für ihn das erste Gebot jeder Religion nicht gilt, nämlich andere Götter nicht anzuerkennen. Der Chronist muß dem anderen Gott Gerechtigkeit widerfahren lassen, er hat die Tugenden und die Untugenden aller Götter zu nennen. Er hat nicht zu huldigen, vielmehr darf er den Blick nicht senken, muß alles wahrnehmen und aufzeichnen können. Und das ohne Haß und Eifer, also gelassen und unparteiisch. Das ist, seit es Geschichtsschreibung und Literatur überhaupt gibt, die Pflicht des Chronisten, des Historikers wie des Literaten. Eine Pflicht, die eingelöst zu haben nur ein Narr oder Spitzbube für sich behaupten kann.

Nicht Sinnstiftung und Religionsersatz, vielmehr ein Prüfen und Bezweifeln des Sinns, ein kritisches Durchleuchten der Gottheiten sind gefordert. Nicht die Umarmung durch den Staat, durch die Herrschenden hat der Chronist zu fürchten, wenn er diese Aufgabe einigermaßen befriedigend löst, eher den Scheiterhaufen für sich und seine Schriften.

Und dennoch bleiben Sinnstiftung und Religionsersatz reale Gefahren der Geschichtsschreibung und Literatur. Wenn noch der Chronist selbst sich an seine Pflicht hält, seine Arbeit ist nicht gefeit, in dieser Weise mißbraucht zu werden. Der Historiker wie der Literat haben solche möglichen Folgen ihrer Arbeit zu bedenken.

Der Naturwissenschaftler hat seine Unschuld spätestens mit der Atombombe verloren. Für den Historiker heute ist – nach Auschwitz, nach den Rassentheorien der Nazis, nach ihrer Geopolitik, nach dem Mißbrauch fast aller Wissenschaftsdisziplinen für die Zwecke der nationalsozialistischen Neuordnung Europas – die Pose reiner Wissenschaftlichkeit mehr als nur eine unmoralische Haltung, sie ist ein Verbrechen.

Keinem Historiker oder Schriftsteller ist es gegeben, einen Mißbrauch seiner Arbeit durch die Herrschenden wirksam, also auch über seinen Tod hinaus, zu verhindern. Aber der Gefahr muß er eingedenk sein. Er muß wissen, wie kurz der Weg ist vom Elfenbeinturm zum Schreibtischtäter.

Historiker wie Literat haben es mit einem Publikum zu tun, das ihre Schriften nicht nur kritisch aufnimmt, sondern auch mit Gläubigkeit. Die unkritische Haltung huldigt dem kenntnisreichen Wissenschaftler oder dem begabten Poeten, und mit der Huldigung verkürzt sie das eigene kritische Bewußtsein bis zur Selbstaufgabe. Dann wird die Schrift des Bewunderten ein Glaubensartikel. Versuchen wir dieses Dilemma zu negieren oder zu leugnen, werden wir sein Opfer. Wir sollten statt dessen versuchen, es zu erkunden, um damit leben und arbeiten zu können. Und das bedeutet auch daß der Chronist, unabhängig von seinen Zielsetzungen, durch seine Arbeit das Geschichtsbewußtsein stärkt und dadurch helfen kann, ein Nationalbewußtsein zu konsolidieren.

Geschichtsschreibung ist auch Aufklärung, aber sie ist nicht nur Aufklärung. Und selbst die aufklärende Geschichtsschreibung kann mit normativer Kompetenz versehen werden. Dann kann die Arbeit des Historikers durchaus – und selbst gegen seinen Willen – zur Konsolidierung politischer Macht gebraucht oder mißbraucht werden.

Der Chronist sollte seine Lage begreifen. Einem bestehenden Dilemma entgeht er nicht, indem er die Augen verschließt und sich zusätzlich noch die Hände davor hält. Das Kind, das im nächtlichen Wald laut singt, um seine Furcht und die Finsternis zu vertreiben, ist gewiß für jedes fühlende Herz ein anrührendes Bild. Wir wollen dem Kind glauben, daß sein Gesang ihm den Weg durch den Wald erleichterte und die beängstigende Dunkelheit besiegte. Aber wir sollten dennoch nicht übersehen, daß es im Wald trotz des lauten Gesangs finster blieb.

Im Historikerstreit ging es um die »Einzigartigkeit der nationalsozialistischen Judenvernichtung«. Ich will mich in diesem Streit nicht zu Wort melden, sondern notiere lediglich ein paar Anmerkungen *über* diesen Streit. Daß darin ein Satz wie dieser unwidersprochen blieb: »Alle Schuldvorwürfe gegen ›die Deutschen‹, die von Deutschen kommen, sind unaufrichtig, da die Ankläger sich selbst oder die Gruppe, die sie vertreten, nicht einbeziehen und im Grunde bloß den alten Gegnern einen entscheidenden Schlag versetzen wollen.« (Ernst Nolte)
Der Satz hat seine Merkwürdigkeiten.
Erstens, der Satz ist beweisbar. Denn wenn Nolte im gleichen Artikel davon spricht, daß »die Deutschen aus der Geschichte Lehren ziehen«, und gleichzeitig einräumt, »falsche Lehren können sie freilich immer noch ziehen«, so spricht er von einer Schuld der Deutschen (falsche Schlußfolgerungen aus der Geschichte zu ziehen), jedoch rechnet Nolte sich selbst nicht zu diesen Deutschen, sondern will »im Grunde bloß den alten Gegnern einen entscheidenden Schlag versetzen«.
Allerdings ist es, zweitens, denkbar, daß ein Schuldvorwurf gegen die Deutschen von einem Deutschen ausgesprochen wird, der sich dabei von den beschuldigten Deutschen nicht ausschließt. So in dem Nolte-Satz, das Dritte Reich habe »den größten und opferreichsten Krieg in der Geschichte der Menschheit begonnen und verschuldet« und daher müsse »zumal für die Deutschen die Erinnerung unauslöschlich sein«. Damit weist Nolte den Deutschen eine Schuld zu (die Erinnerung muß unauslöschlich sein), er schließt sich selbst jedoch nicht aus, und ich denke, trotz Noltes Verdikt, sein Satz ist aufrichtig.
Drittens, ein Professor für Neuere Geschichte wird nicht

umhinkommen, Sätze über die Deutschen zu formulieren, und auch – wenn es seine Forschungsergebnisse verlangen – von einer Schuld der Deutschen sprechen müssen. Ist damit ein solcher Professor tatsächlich a priori unaufrichtig? (Andererseits wird jeder Freund der Sophistik und der Antinomien Noltes Verdikt zu schätzen wissen, lautet doch dessen Quintessenz: Ein deutscher Geschichtsprofessor sagt, alle deutschen Geschichtsprofessoren sind unaufrichtig, wenn sie über ›die Deutschen‹ reden. Wenngleich anzumerken ist, daß der Satz nicht allzu originell ist, da er doch einem klassischen Muster folgt: Ein Kreter sagt, alle Kreter lügen.)

Die merkwürdigste Konsequenz des Satzes besteht, viertens, darin, daß – so man ihm folgen will – die westdeutschen Historiker sich künftig nur noch mit der Geschichte anderer Länder beschäftigen dürfen, mit der der Sowjetunion beispielsweise. Ein Schritt in diese Richtung, die Auseinandersetzung mit dem deutschen Faschismus durch die Auseinandersetzung mit dem Stalinismus zu ersetzen, wurde im Historikerstreit versucht.

Mir selbst jedoch sind andere und ältere Chronistenpflichten heilig, jene, die vom Balken im eigenen Auge spricht oder die da heißt: »Mögen andere von ihrer Schande sprechen, ich spreche von der meinen.«

Ebenso unwidersprochen blieb Noltes ungeheuerlicher Satz: »Die Rede von der ›Schuld der Deutschen‹ übersieht allzu geflissentlich die Ähnlichkeit mit der Rede von der ›Schuld der Juden‹, die ein Hauptargument der Nationalsozialisten war.«

Bei diesem Satz fällt es mir schwer, Contenance zu wahren. Die Schuld der Deutschen wurde selbst im Historikerstreit nicht bestritten, Auschwitz wurde nicht geleugnet. Die faschistische Parole von der »Schuld der Juden« entbehrte jeder Grundlage. Sie war in Deutschland das Produkt aus Intoleranz und einem jahrhundertealten Antisemitismus, und sie bereitete den Weg nach Auschwitz.

Wenn Ernst Nolte eine Ähnlichkeit zwischen der tatsächlichen Schuld der Deutschen und der von Faschisten behaupteten »Schuld der Juden« sieht, so heißt das entweder, die Rede von der Schuld der Deutschen hat den gleichen Aussagewert wie die von der »Schuld der Juden«, die Deutschen wurden also verleumdet, und Auschwitz war eine Erfindung der Alliierten. Oder es heißt, die »Schuld der Juden« ist der Schuld der Deutschen ähnlich, dann hätten die Juden die ihnen angelasteten und zugeschriebenen Greueltaten tatsächlich begangen und Auschwitz wäre die Kopie eines Verbrechens, welches die Juden zuvor an den Deutschen verübt haben.

Einen anderen und nicht-faschistischen Sinn macht dieser Satz nicht.

Anmerken muß ich auch meine Verwunderung, daß keiner der am Streit beteiligten Historiker die meiner Ansicht nach grundsätzliche Besonderheit dieses Massenmordes benannte. Man stritt mit Zahlen von Ermordeten, man verglich die Mordarten und fragte tatsächlich ernsthaft, ob ein qualitativer Unterschied zwischen Gaskammer und Genickschuß bestünde. Es fiel die Behauptung, daß nur der »technische Vorgang der Vergasung« eine Besonderheit der Nationalsozialisten gewesen sei. (Der Stil ist der Mensch, sagt Buffon. Die Wissenschaft erlaubt es nicht, Rücksichten zu nehmen, erwidert der Historiker.) Man spekulierte über Kausalitäten, über Auschwitz als vorweggenommene Antwort auf die Stalinschen Lager. Für die Einzigartigkeit beziehungsweise die grauenvolle Normalität in unserem Jahrhundert wurde George Orwells »1984« zitiert, auf Pol Pot verwiesen und Rassenmord mit Klassenmord verglichen. (Offenbar gibt es eine gewisse Neigung von Historikern zu Alliterationen, Stabreimen etc., sonst müßte ihnen doch aufgefallen sein, daß die Vernichtung der Juden durchaus ein Rassenmord war, daß bei den Stalinschen Verbrechen die Klassenzuordnung völlig willkürlich erfolgte und die tatsächlichen Motive verdecken sollten. Die Stalinsche Vernichtungsaktion als Klassenmord zu bezeichnen, ist unsinnig und historisch unhaltbar; es wäre eine Einschätzung, die durch Stalinsche Normen determiniert ist.)

Den meiner Ansicht nach entscheidenden Unterschied übersah man jedoch: Das russische Volk und die Völker der Sowjetunion hatten keinen Bruder Stalin. Das kambodschanische Volk kennt keinen Bruder Pol Pot. Wir, die Deutschen, aber haben einen Bruder Hitler. Aus diesem Grund wird die deutsche Geschichte, werden wir nie völlig aus dem Schatten Hitlers heraustreten können. Nicht nur die führenden Eliten Deutschlands waren beteiligt oder duldeten Hitler, es war das deutsche, nationalsozialistische Volk. Die nach 1945 erfolgte Entnazifizierung sollte diesen Umstand nicht völlig aus unserem Gedächtnis gelöscht haben.

Für die Völker der Sowjetunion und Kambodschas wird ihre Vergangenheit unauslöschlich bleiben, und die Opfer des Terrors werden in ihrer Erinnerung immer wieder lebendig werden, lebend im Gedächtnis der Lebenden. Das deutsche Gedächtnis aber ist eins der Täter. Um unser aller Bruder Hitler willen ist uns unser Gedächtnis eine Qual geworden. Wir können uns unseren Erinnerungen und der Verantwortung der Deutschen für diesen Völkermord stellen, wir können sie verdrängen, wir können sie leugnen (»Das kann ich nicht gewesen sein, sagt mein Stolz«), wir können sie hinweginterpretieren, wir können sie mit den

Nachkriegsleistungen der Deutschen verstellen. Wir können unsere Erinnerungen als typisch deutsche Schuldbesessenheit zu desavouieren suchen oder sie mit Stammtischweisheiten (»Einmal muß Schluß sein«) zur Räson bringen. Aber wir wissen – und heute, nach über vier Jahrzehnten mit Sicherheit –, auch diese Vergangenheit, besonders diese Vergangenheit vergeht nicht.

Die historische Identität beeinflußt und prägt unsere gegenwärtige. Es wächst kein Gras über Auschwitz, und in unserem Gedächtnis wird keine einladende Grünanlage an jener Stelle anzupflanzen sein. Diese Erinnerung wird bleiben, als Erinnerung an eine deutsche Schuld – oder verdreht als ständiger Rechtfertigungszwang oder Gefühl der Kränkung durch unberechtigte Schuldzuweisung. Oder auch vollkommen auf den Kopf gestellt: als Ursache einer Wiederbelebung der Naziideologie, als Neofaschismus, um die bedrückende Last der Erinnerung radikal abzuwehren.

Eine Geschichtsschreibung, die diese historische Identität übersieht oder übersehen will und dann die Leichen zählt, um quantitative Vergleiche anzustellen, schreibt nicht Geschichte, sondern verdrängt sie. Mit Zahlenvergleichen verdrängt sie, daß es kein Jahr Null gab und geben kann. Es gab 1945 kein Jahr Null, wie es auch 1933 kein Jahr Null gab. Vielmehr ist es eine deutsche Geschichte, die zum Jahr 1933 führt und für die Deutschland, das deutsche Volk einzustehen hat. Der geschichtsverdrängende Versuch, aus dem deutschen Nationalsozialismus einen Hitlerismus zu machen, die Geschichte einer nationalen Untat allein der Person Hitler anzulasten, um Deutschland und das deutsche Volk von der Schuld freizusprechen, ist unsinnig und fatal: Es gibt unleugbar eine Geschichte der Deutschen, die zu Hitler als erwünschter und gewählter Konsequenz führt.

Der Versuch, die Einzigartigkeit der Judenvernichtung durch Vergleiche mit dem Stalinschen Massenmord und dem der Clique Pol Pots zu leugnen, brachte im Historikerstreit das Gegenargument der verschiedenen Kulturstufen auf, wonach ein mitteleuropäisches Land politisch und kulturell nicht mit asiatischen Ländern und Kulturen verglichen werden könne. Dies wiederum rief den Vorwurf des Hochmuts hervor, »einer Herrenvolkgesinnung, verborgen unter einer Demutsgeste«.

Der tatsächliche Grund für die Unvergleichbarkeit wurde auf beiden Seiten erstaunlicherweise nicht gesehen und benannt. Denn tatsächlich verhielt sich das hochzivilisierte, auf der Höhe der mitteleuropäischen Kultur stehende Land barbarischer und »asiatischer« als die asiatischen Länder. Wenn der Vorsitzende des »Verbandes der Historiker Deutschlands« (parenthetisch gesagt: wenn Fußballfans in der BRD von einem Spiel »Deutschland gegen DDR« sprechen, kann ich nachsichtig lächeln, wenn westdeutsche Historiker so denken und sprechen, und die Bezeichnung »Verband der Historiker Deutschlands« verrät es, quält mich Sorge um ihre fachliche Kompetenz; ein beunruhigender Gedanke: ein Kongreß der Verbände beider deutscher Staaten müßte dann wohl notwendigerweise als ein Kongreß von Historikern Groß-Deutschlands bezeichnet werden), wenn also der Verbandsvorsitzende Christian Meier völlig korrekt schreibt: »Zum Geschichtsbewußtsein der Deutschen muß immer das Bewußtsein der Beispiellosigkeit der Verbrechen gehören, die wir in jenen zwölf Jahren begangen haben« – dann ist zur Vergleichstheorie anzumerken, daß die Völker der Sowjetunion und Kambodschas,

wann immer sie über die Massenmorde in ihren Ländern sprechen, im Unterschied zu den Deutschen niemals sagen müssen: »die *wir* in jener Zeit begangen haben«.
Hitler war und bleibt der Bruder der Deutschen. Stalin und Pol Pot waren nicht die Brüder, sondern die mörderischen Tyrannen ihrer Völker.
Natürlich, auch Stalin und Pol Pot waren keine Einzeltäter, auch hier führt Psychohistorie zur privaten Personengeschichte statt zur Geschichtsschreibung. Aber sie und ihre Cliquen konnten die Schwäche ihrer Staaten, ihre völlig unzureichende (oder nicht bestehende) Demokratie, ihr unterentwickeltes, zerstörtes oder gar nicht bestehendes Kontrollsystem von Herrschaft zur Errichtung ihrer Tyrannei nutzen. Eine noch fast feudale Gesellschaftsstruktur ermöglichte es ihnen, zur Herrschaft zu gelangen und ihr eigenes, wehrloses Volk nach beliebigen Anklagen und Beschuldigungen auszurotten. Dadurch, daß diese Vernichtungsaktionen im Namen einer Idee erfolgten, hat jeder, für den Sozialismus und Kommunismus Alternativen zum kapitalistischen System darstellen, an einer historischen Last und Verantwortung zu tragen. Auch wenn der Stalinismus und die Herrschaft Pol Pots grausame Karikaturen dieser Idee waren, eine völlige Verkehrung ihrer Werte, sind Sozialismus und Kommunismus nie nachhaltiger und wirksamer geschädigt und nie grundsätzlicher in ihrer Existenz bedroht worden als eben durch Stalin und Pol Pot.
Hitler kam auf einem anderen Weg zur Macht. Sein Programm hatte er in dem Jahrzehnt vor seiner Machtergreifung dargelegt, und es war ein Programm, das er nach 1933 auch durchführte. Der Historiker weiß und kann belegen, daß Hitlers Ziele auch vor 1933 Anhängern und Gegnern bekannt waren und zu heftigsten Auseinandersetzungen

führten. Dennoch und deswegen kam Hitler auf einem »rechtsstaatlichen« Weg an die Macht, seine Machtergreifung war legitimiert durch die Zustimmung der überwältigenden Mehrheit des Volkes, er nannte sich nicht völlig zu Unrecht Führer der Deutschen. Der größere Teil des deutschen Volkes hatte sich für ihn als Führer in die Zukunft entschieden.
Im Frühjahr 1945 gab es gewiß weniger Anhänger Hitlers als Mitte und Ende der dreißiger Jahre, aber auch dann noch erlebte das deutsche Volk in seiner Mehrheit eine Niederlage und nicht eine Befreiung. Das Wort »Befreiung« ist in diesem Zusammenhang ein Euphemismus, geboren aus Entgegensetzung, gültig allein für eine Minderheit von Nazigegnern. Hitler war und bleibt unser Bruder. Ein Vergleich des nationalsozialistischen Völkermordes mit den quantitativ wohl nicht geringeren Morden der Stalin- und Pol-Pot-Cliquen ist nicht nur für einen Historiker unzulässig. (Anmerken will ich hier nur, daß auch die Verbrechen Stalins und Pol Pots nicht gleichzusetzen sind: die Unterschiede sind zu gravierend. Vergleiche in der Geschichtsschreibung erklären grundsätzlich wenig oder nichts. Jeder Vergleich liefert lediglich griffige Erklärungen oder entschuldigende Interpretationen; ein Vergleich bedient eher Emotionen, als daß er aufklärende und erhellende Analyse leistet.)

Im Historikerstreit gab es den Vorwurf eines ungeduldigen Versuchs, unser geschichtliches Bewußtsein zu normalisieren. Dahinter steckte die Furcht (und der Vorwurf) der Bagatellisierung des nationalsozialistischen Verbrechens. Hier stimme ich jedoch einem Mann wie Ernst Nolte vollkommen zu, wenn er sagt, daß eine »gründliche Bestandsaufnahme und eindringliche Vergleiche die Singularität des

Dritten Reiches nicht beseitigen, aber sie ... trotzdem als einen Teil der Menschheitsgeschichte erscheinen lassen«. Setzen wir etwas bescheidener statt der »Menschheitsgeschichte« »deutsche Geschichte«, denn ich denke, die Menschheit wird keinen übermäßig gesteigerten Wert auf dieses Erbe legen, für das die Deutschen einzustehen haben.

Das Dritte Reich und seine Verbrechen aus der Normalität der deutschen Geschichte zu entlassen, ist, möglicherweise ungewollt, der Versuch einer Geschichtsklitterung. Wir haben damit die Möglichkeit, die Jahre 1933-1945 aus unserer Geschichte herauszunehmen, sie wie eine schwere Krankheit abzutun, als eine »dämonische Zwischenepoche«, sie durch Hitler oder den Hitlerismus zu erklären, also Psychohistorie zu treiben. Damit setzt auch die historische Haftung für Auschwitz aus. Damit haben wir uns für diese Jahre eine geminderte Zurechnungsfähigkeit attestiert, eine zeitweise Unfähigkeit, Recht und Unrecht zu unterscheiden. Oder wir lassen gar eine einzige Person, Hitler, für alles haften, während dem deutschen Volk gewissermaßen eine historische Abwesenheit aus seiner Geschichte bestätigt wird.

Ich plädiere für eine Normalisierung des geschichtlichen Bewußtseins auch im Hinblick auf den deutschen Faschismus. Die Einzigartigkeit der Verbrechen sollte nicht verhindern können, auch diese Zeit vollständig in das deutsche Geschichtsbewußtsein aufzunehmen. Eine Normalisierung des geschichtlichen Bewußtseins durch Ausschluß des Nationalsozialismus kann weder Normalisierung noch ein geschichtliches Bewußtsein erzeugen. Freilich, die Einbeziehung der NS-Zeit hat Konsequenzen für die Normalisierung: Der deutsche Faschismus hat die deutsche Geschichte nachhaltig und unvergänglich verändert. Die Normalisierung kann heute nur noch mit veränderten Normen erfolgen, mit Normen, die die vollständige Geschichte der Nazizeit als unsere deutsche Vergangenheit erfassen können.

Ausgangspunkt des Historikerstreits waren Noltes Bemerkungen zur Einzigartigkeit der Naziverbrechen. Er relativierte diese, indem er einen Kausalzusammenhang andeutete zu den Verbrechen Stalins, indem er die Judenvernichtung als eine Reaktion auf eine tatsächliche oder eingebildete Bedrohung durch die Sowjetunion, als einen Präventivmord darstellte. Der verständlichen Erregung über diese Thesen begegnete er mit Unverständnis und verwies auf sein Buch »Der Faschismus in seiner Epoche«. Nolte fühlte sich zutiefst mißverstanden, da man ihm Ansichten unterstelle, die darauf hinausliefen, daß er sich selbst widerlege.

In der Tat offeriert er in seinem erwähnten Buch eine andere Sicht. Es gibt Übereinstimmungen mit den umstrittenen Thesen, es gibt aber auch gravierende, nicht zu übersehende Unterschiede. Möglicherweise wurde Nolte mißverstanden, und seine – allerdings durchaus mißzuverstehenden – Äußerungen zielten auf etwas anderes, was allerdings in der Diskussion völlig übersehen wurde. Möglicherweise trat hier der Historiker als Zeitgenosse auf, wollte ein Geschichtsforscher aus der Kenntnis der Geschichte unüberhörbar eine Warnung an die Zeitgenossen richten.

Erinnern wir uns an die Zeit, in der jener Streit begann: In diesen Jahren fielen die Worte des Vergleichs von Goebbels und Gorbatschow, gab es die Formulierung, die Sowjetunion sei das »Reich des Bösen«. Möglicherweise – es ist dies nur eine Vermutung – wollte Nolte, ohne in fatale Polemik oder billigen Antiamerikanismus zu verfallen, behut-

sam an fürchterliche Folgen solcher unbedachten oder gar bedachten Äußerungen erinnern. Ob dann sein Beispiel glücklich gewählt war, ist fraglich, aber sein Hinweis ist nicht einfach vom Tisch zu wischen.
Es gibt tatsächlich bedenkliche Übereinstimmungen: Nach Nolte läßt sich ein Motiv für die Judenvernichtung und die nationalsozialistischen Verbrechen auf ein Gemisch von fiction und non-fiction zurückführen. Er benennt den 1948 geschriebenen Roman »1984« von Orwell, ein »verschollenes Büchlein von Melgunow« und die Informationen, die Hitler über die Stalinschen Lager hatte.
Eine Formulierung wie »das Reich des Bösen« scheint gleichfalls das Ergebnis von fiction und non-fiction zu sein, nimmt man etwa Romane wie Tolkiens DER HERR DER RINGE, die verschiedensten Filme und Fernsehserien zumal US-amerikanischer Provenienz, die Informationen, Vermutungen und Gerüchte über die Taten der russischen Zaren, über Personen wie Rasputin und Stalin. In der Formulierung das »Reich des Bösen« steckt die Angst vor einer Bedrohung, das Verlangen nach Schutz, nach Abwehr, nach Vernichtung nicht allein der Bedrohung, sondern auch des Bösen. Sie ist ein Appell, im Namen der Humanität das »Reich des Bösen« zu zerstören.
Es ist möglich, daß Nolte warnen wollte, daß er nicht unsinnige Parallelen herstellen, aber doch, wie es sich für einen Geschichtsforscher geziemt, mit einem historischen Vergleich vorsichtig an die Folgen des Aberwitzes solch irrationaler Äußerungen erinnern wollte. Denn die Geschichte lehrt uns, daß keine Aufklärung, kein geschichtlicher Beleg, kein logisches Argumentieren eine tiefgehende irrationale Empfindung aufheben kann. Wo sich ein solcher Irrationalismus festsetzt, arbeitet er wie ein Krebsgeschwür und zer-

setzt das Rationale vollständig, bis schließlich der gesamte Organismus davon beherrscht wird.
Die Absicht einer Warnung ist, wie gesagt, nur eine Vermutung, für die es jedoch Anhaltspunkte gibt, da Nolte in seinem Artikel auch darüber spricht, daß »an vielen Stellen ... die Befürchtung noch lebendig (ist), sie (die Bundesrepublik) könne zwar nicht zur Ursache, aber doch zum Ausgangspunkt eines dritten Weltkrieges werden«.

Zu Beginn des Streits gab es den hoffnungsvollen Satz, es sei »zu erwarten, daß neue Überlegungen sowie differenziertere und zugleich auf breiteren Grund gestellte Einsichten den zerredeten, in häufig bloß noch rituellen Formen abgehandelten Gegenstand auch moralisch neu zugänglich machen«. Diese Hoffnung wurde gewiß von vielen Beteiligten geteilt. Ein Disput von Fachleuten, auch wenn er polemisch geführt wird, bringt erhellende Einsichten zur Beförderung der Humanität. So war es wohl durchaus zulässig, sich die freundlichen Früchte dieses Streites schon vorab vom Baum zu pflücken.
Zwei, drei Jahre später sind gewiß Veränderungen nicht nur in der westdeutschen Gesellschaft zu bemerken, selbst ein teilweise radikaler »moralisch neuer Zugang« zur Zeit des Nationalsozialismus, der hoffentlich keinen der am Streit Beteiligten beglückt. Die Früchte des Streits sehen offenbar anders aus als erhofft. Meine unfreundliche, aber unpolemische Frage lautet, ob die Historiker für diese wohl nicht erhofften Früchte auch eine Mitverantwortung zu übernehmen bereit sind. Ich denke, die Intelligenz eines jeden Landes ist für dessen geistiges Klima, eingeschlossen das geschichtliche Bewußtsein des Volkes, mitverantwortlich, auch dann und besonders dann, wenn in der Breite bereits

ein falsches Bewußtsein zu registrieren ist. Und die Intelligenz in beiden deutschen Staaten ist, aus der geschichtlichen Verantwortung für die finsterste Zeit Deutschlands heraus, in der auch der größte Teil der deutschen Intelligenz versagte, besonders gefordert.

Vor wenigen Jahren schrieb der Düsseldorfer Publizist Thomas Neumann, die beiden deutschen Staaten und Gesellschaften betrachtend: »Wenn ein Vergleich von Gesellschaft zu Gesellschaft unternommen werden sollte, fände sich Vergleichbares allein in der Tatsache, daß die neuen Gesellschaften zu eilig die Vergangenheit glaubten ablösen zu können, mittels Verdrängung in der einen, mittels Entgegensetzung in der anderen. Mehr ist aber vergleichend nicht herauszuholen. Die Fehler sind einander nicht kritikfähig.«

Ganz offenbar und sicher gut begründet gab es da noch die Hoffnung, daß das Vergleichbare eine fast zu vernachlässigende Größe sei, mehr für Historiker von Interesse und allenfalls bei Betrachtung der Gründungsjahre der beiden deutschen Staaten.

Über die Verdrängung der Nazizeit in der Bundesrepublik wurde auch in der Bundesrepublik viel gesagt, grundsätzliche Kritik wurde ebenso laut wie Überlegungen über die Notwendigkeit dieser Verdrängung für einen Integrationsprozeß, um diese Bundesrepublik aufzubauen.

Die DDR setzte auf die Entgegensetzung. Es gab dafür viele und gute Gründe: Die KPD war eins der ersten Opfer der Nazis gewesen, die führenden Leute des neuen Staates kamen aus der Emigration oder aus den Gefängnissen und Lagern der Nazis. Im antifaschistischen Selbstverständnis gab es von Beginn an keinen Zweifel, selbst in den Hoch-Zeiten des Kalten Krieges konnte die westdeutsche Propaganda auf diesem Terrain nichts ausrichten. Im Gegenteil, hier gab es fatale Entscheidungen in der Bundesrepublik, die der Verdrängung sogar im Wege standen und die nicht nur in der DDR erhebliche Zweifel am antifaschistischen Engagement der Bundesrepublik aufkommen ließen, ich will hier dafür stellvertretend nur zwei Namen nennen: Globke und Kiesinger.

Bei der Gründung beider deutscher Staaten gab es jeweils kleine Ungenauigkeiten, wenn auch grundsätzlich verschiedene. Und es gab gewiß die Hoffnung in beiden Teilen, daß der jeweilige kleine Geburtsfehler sich verwächst. Vier Jahrzehnte später haben wir das Gegenteil zu registrieren: Die kleinen Unkorrektheiten des Anfangs wuchsen sich zu unübersehbaren Menetekeln aus, denen man auf beiden Seiten offensichtlich so fest entschlossen wie hilf- und fassungslos gegenübersteht.

Ich will nur von meinem Land sprechen.

Die Entgegensetzung als Haltung bei der Staatsgründung erfolgte gewiß nicht nur aus ideologischen Gründen. Ich denke, es waren vor allem pädagogische Erwägungen, die es ratsam erscheinen ließen, den Staat ausschließlich auf ein antifaschistisches Fundament zu gründen. Gewisse als progressiv verstandene historische Bewegungen und Personen wurden in das Erbe mitaufgenommen. Die restliche, nicht so angenehme Vergangenheit blieb vorerst ausgespart. In den letzten zwei Jahrzehnten gab es da gravierende Veränderungen. Das »Erbe« Genannte wurde umfangreicher, auch widersprüchlicher und für einige gewiß irritierend, auf jeden Fall aber reicher und vor allem: es wurde realistischer. Denn ein historisches Erbe läßt sich nicht selektieren. Unsere Vergangenheit, persönlich wie gesellschaftlich, ist weder auszuschlagen, noch gibt es da etwas auszuwählen: Wir sind Erben auf Gedeih und Verderb.

Diese Entgegensetzung war für den Beginn der DDR sicher hilfreich. Sie erbrachte eine Identität, die in den schweren Anfangsjahren, in einer Zeit, in der der Staat politisch und wirtschaftlich mit der vor allem von der Bundesrepublik betriebenen Isolierung, der Nichtanerkennung zu leben hatte, existentiell wichtig war. Aber Entgegensetzung führt letztlich auch zu einer Verdrängung, da sie das Entgegengesetzte negiert. Gewiß waren es die lautersten Beweggründe, waren es Hoffnungen auf Demokratie und einen gesellschaftlichen Fortschritt, der ein neues Auschwitz für immer ausschließen sollte, wenn das uns verderbliche, uns verderbende deutsche Erbe ausgeschlossen blieb. Die Jugend wurde strikt in einer antifaschistischen Tradition erzogen. Der DDR war und ist viel anzulasten, ein Versäumnis im antifaschistischen Engagement des Landes schien ausgeschlossen.

Um so schockierender war es nicht nur für den Staat, sondern auch für die Gesellschaft, für den einzelnen Bürger, neofaschistische Neigungen auch bei einem Teil der DDR-Jugend registrieren zu müssen. Der noch immer anhaltende Schock manifestiert sich in Ratlosigkeit. Anfangs reagierten Staat und Gesellschaft mit Bagatellisierung, man sprach von einzelnen, untypischen Erscheinungen, von dummen Jungs, von verführten Irren, von einer Staatsverdrossenheit, die sich in Provokationen Luft machen will.

Für alle Erklärungen gab es mehr oder weniger einleuchtende Begründungen. Es ist nur ein kleiner Teil der Jugend, um den es dabei geht. Es wird von einer Beeinflussung durch Medien des Auslands gesprochen, durch westdeutsche Rundfunk- und Fernsehsender, doch diese Schuldzuweisung ist heute mehr denn je unglaubwürdig, die Beschul-

digung, faschistische Propaganda zu betreiben – was diesen Sendern damit de facto unterstellt wird – unsinnig.
Einen Staat, der an seiner antifaschistischen Haltung nie einen Zweifel aufkommen ließ, mußten faschistische Parolen und Haltungen im eigenen Land nachhaltig provozieren. Die Staatsmacht greift rasch und unzweideutig zu, wo und wann immer sich die »Faschos« bemerkbar machen. Aber für jeden Staat der Welt kann es nur ein Provisorium sein, wenn er vorhandene Schwierigkeiten zu beseitigen sucht, indem er sie hinter Gitter bringt. Die Wurzeln der Probleme einer Gesellschaft reichen stets tiefer; tiefer, als der Arm der Polizei reicht.
Ich gestehe, daß ich die Ratlosigkeit meiner Gesellschaft gegenüber dieser Entwicklung teile. Allerdings, überraschen konnte diese Entwicklung nicht.
Bislang hielt ich es für eine große Tugend meines Landes, daß es ihm – wie ich meine, im Unterschied zu Westdeutschland – nicht gelang, so etwas wie ein Nationalbewußtsein zu entwickeln. Ich hielt es für eine – nicht angestrebte – Tugend, weil ein deutsches Nationalbewußtsein sich stets nicht nur als besonders stolz, sondern auch als aggressiv erwiesen hat, nicht nur eine Gemeinschaft schuf und beschwor, sondern auch die militante Bereitschaft, das Andersartige abzulehnen und auszugrenzen, weil es stets die Intoleranz und Arroganz gegenüber dem Fremden benötigte.
Heute fürchte ich jedoch, daß eben dieser fehlende oder doch unzureichende nationale Stolz von einem Teil der Bevölkerung ausschließlich als Mangel empfunden wird, der zu kompensieren ist. Und wer ein Ungleichgewicht auszugleichen sucht, gerät dabei leicht ins Maßlose, wird ausschweifend. Der Exzeß ist eine Folge tatsächlicher oder eingebildeter Verluste, er vermeldet einen Defekt.

Die ausgesparte Seite der deutschen Geschichte ist der geeignete Platz und ein brauchbares Instrumentarium für den Exzeß. Wenn der Entgegensetzung etwas entgegengesetzt werden soll, so bietet sich bei antifaschistischer Tradition und Haltung einer Gesellschaft der Faschismus geradezu an.

Die militärische Niederlage des Dritten Reiches war vollständig. Die alliierten Mächte konnten einige der Verantwortlichen zur Rechenschaft ziehen, Deutschland teilen und es ermöglichen oder erzwingen, daß die neu zu errichtenden deutschen Staaten in Entgegensetzung zum oder doch Abkehr vom Faschismus entstanden. Die Auseinandersetzung der Deutschen mit ihrer eigenen Vergangenheit, die Befreiung von der faschistischen Ideologie war aber allein durch den Sieg der Alliierten nicht geleistet. Auch die Beseitigung ökonomischer und sozialer Strukturen, die zum Faschismus geführt oder ihn begünstigt hatten, reichte, wie sich heute zeigt, nicht aus, um die Nachfolgestaaten des Dritten Reiches völlig von der faschistischen Ideologie zu befreien. Entgegensetzung hier und Verdrängung dort brachten nur einen zeitweisen Aufschub.

Paradoxerweise ermöglichte es der militärische Sieg der Alliierten und ihre Anwesenheit als Besatzungsmacht, daß die geistige Auseinandersetzung mit der faschistischen Ideologie in den neu entstandenen deutschen Staaten oberflächlich blieb. Denn die Anwesenheit der Alliierten und die gegen die alte Macht eingesetzten neuen deutschen Regierungen brachten die faschistische Ideologie in Deutschland abrupt zum Schweigen. Dieses Schweigen wurde umgehend als Beweis einer demokratisch-antifaschistischen Gesinnung gebraucht und ausgestellt. Der heftige Wechsel der Gesinnung wurde zustimmend registriert. Die Eile bestürzte nicht, statt Argwohn herrschte Erleichterung. Eine neue ökonomische Ordnung hier gab die Gewähr für die völlige Ausrottung der faschistischen Wurzeln; ein neuer demokratischer Konsens dort zeigte an, daß die – ohnehin »artfremde« – Krankheit folgenlos überstanden war.

»Der Schoß ist fruchtbar noch«, warnte Brecht, aus dem Exil kommend und mißtrauisch deutschen Boden betretend. Und Thomas Mann, für ein neues Quartier in Deutschland nicht mehr zu gewinnen, sprach sogar von der »faschistischen Epoche des Abendlandes, in der wir leben und trotz des militärischen Sieges über den Faschismus noch lange leben werden«.

Die beiden deutschen Staaten sind auch in ihrem Verhältnis und Verhalten zur jüngsten deutschen Vergangenheit unterschieden, und die Probleme und Aufgaben in der immer noch anstehenden Auseinandersetzung mit der Geschichte sind keineswegs identisch. Aber ich stimme Thomas Neumann zu: Daß sie »zu eilig die Vergangenheit glaubten ablösen zu können«, darin sind beide Gesellschaften vergleichbar.

Es war ein Glaube in der Hoffnung, daß die Vergangenheit – wenn sie schon nicht zu bewältigen ist – langsam vergeht. Aber sie kann nicht vergehen. Die Vergangenheit, der wir uns nicht stellen, wird nicht nur nicht vergehen, sie droht zurückzukehren. Die neuen Juden sind bereits ausgemacht, und auch in meinem Land sind es die Ausländer. Den Bodensatz einer nationalistischen Ideologie gibt es noch immer, und keiner von uns sollte sich da von Zahlen beruhigen lassen. Beunruhigen sollte uns vielmehr, daß der deutsche Stolz unerbittlich blieb und das deutsche Gedächtnis eben dabei ist nachzugeben.

Die fünfte Grundrechenart

Für Gustav Just

»Man ist für das Leben nicht eingerichtet«, sagte der Philosoph Bobrowski, »man hat seine Natur, seine Sinne, in der Stadt fünf, auf dem Land sieben ..., aber das reicht nicht. Da kommen einem nun mancherlei Dinge zur Hilfe: dem Menschen schlechthin Hilfsbereitschaft oder Rücksicht, dem Gesetzesbrecher Strafe und Isolierung, dem Beamten Vorschriften und Anordnungen. So findet man sich zurecht.«
Aber auch das reicht noch nicht, fügen wir hinzu, es war notwendig, den Menschen gründlicher zu schulen, wozu ein landesweit einheitliches Schulsystem und einige Universitäten zur Verfügung stehen. Und wenn das noch nicht ausreicht, so kann man den Schwer-Belehrbaren anschließend mehrmals zu Schulungen schicken.
Dort lernt er beispielsweise die vier Grundrechenarten, deren Gültigkeit sich freilich vor allem auf die Schule beschränkt. Später – im richtigen Leben, wie es so heißt – erfährt er den schmerzlichen Widerspruch von Theorie und Praxis und lernt die fünfte Grundrechenart anzuwenden, die eigentlich die erste ist, da sie alle anderen umfaßt.
Die fünfte Grundrechenart besteht darin, daß zuerst der Schlußstrich gezogen und das erforderliche und gewünschte Ergebnis darunter geschrieben wird. Das gibt dann einen festen Halt für die waghalsigen Operationen, die anschließend und über dem Schlußstrich erfolgen.
Dort nämlich wird dann addiert und summiert, dividiert und abstrahiert, multipliziert und negiert, subtrahiert und geschönt, groß und klein geschrieben nach Bedarf, wird die Wurzel gezogen und gelegentlich auch schlicht gelogen. Diese fünfte Grundrechenart dient dazu, den Vorschriften

und Anordnungen zu genügen und dennoch der Strafe und Isolierung zu entgehen. Anwendung findet diese Rechenkunst im Privaten wie im Volkswirtschaftlichen, und auch diese Kunst kennt ihre Lehrlinge, Stümper und großen Meister.

In einer Geschichtsbetrachtung, die dieser Grundrechenart huldigt, wird mit Auslassungen, Vernachlässigungen und scholastischen Rösselsprüngen gearbeitet, es wird verschwiegen und geglättet, um aus dem Labyrinth der Geschichte möglichst fleckenlos und schnell zu jenem Ausgang in die Gegenwart zu gelangen, der dem gewünschten Selbstverständnis am nächsten kommt.

Fast jeder Staat der Erde hat Schwierigkeiten mit seiner Vergangenheit und ist daher bemüht, sie für die Gegenwart zu schönen, um sich mit Stolz seiner Geschichte zu versichern und das nationale Bewußtsein zu stärken. Mit dem Slogan »Love it or leave it« reagierte in den USA eine irritierte und genervte Öffentlichkeit, als nach dem Krieg in Vietnam einige Landsleute allzu heftig und nachdrücklich die jüngste Geschichte ihres Landes befragten.

Der deutsche Wortschatz weist dafür die Denunziation »Nestbeschmutzer« auf, eine sehr deutsche Vokabel: Es wird nicht nach der Wahrheit gefragt, sondern eine Bedrohung des gemütlichen deutschen Heims signalisiert. Was da vor Beschmutzung gerettet werden soll, sind die Sofakissen, auf denen man es sich gemütlich machte und die auf jenem Gras liegen, das endlich über die Vergangenheit gewachsen ist.

Geschichte interessiert uns um der Gegenwart willen. Geschichtsbetrachtung ist stets ein Benennen des augenblicklichen Standorts. Die Wertungen der Geschichte sind von aktuellen Interessen nie frei und wirken auf die gegenwärtige Gesellschaft ein. Der westdeutsche Historikerstreit von 1986, in dem auch eine Um- und Neubewertung des Faschismus und seiner Verbrechen und der Ursachen des Zweiten Weltkrieges versucht wurde, hatte – so behaupte ich – Auswirkungen auf die westdeutsche Gesellschaft. Nach diesem Streit, der die Medien und die Öffentlichkeit stark beschäftigte, gelang es einer Partei, die als rechtsradikal und sogar faschistisch eingeschätzt wird, in der Gesellschaft Fuß zu fassen. Vor dem Streit, als die Schuld des deutschen Faschismus in der BRD noch nicht umstritten war, führten vorhandene vergleichbare Parteien in der westdeutschen Gesellschaft nur ein Schattendasein. Ich erwähne dies, um auf den Zusammenhang einer Gesellschaft mit ihrer Betrachtung der Geschichte, zumal der jüngeren Geschichte, zu verweisen.

Unter dem Schlußstrich unserer uns aus Schule und Zeitung sattsam bekannten Geschichtsbetrachtung, unter dem Schlußstrich, über den sich dann das als wissenschaftlich, objektiv und gesetzmäßig bezeichnete Gebäude von Fakten, Folgerungen und Bewertungen aufbaut, um den endgültigen und bereits zuvor gezogenen Schluß zu beweisen, stand und steht das kräftige Wort vom »Sieger der Geschichte«.

In Schule und Universität, in unseren täglichen Zeitungen wurde und wird uns Geschichte nie anders vermittelt: Alles Vorhergehende war ein notwendiger und zielgerichteter Weg des historischen Weltgeistes, um zu diesem Staat und zu dieser Gesellschaft zu führen, zu uns. Wir sind, das war das Ziel der langjährigen Unterrichtung, die Sieger der Geschichte. Das damit verbundene Sieges- und Glücksgefühl wird nicht allein durch ein paar Widrigkeiten des Alltags konterkariert; verwunderlich ist die fehlende Dialektik dieser Geschichtsschreibung, die sich überdies auf die Dialektik beruft. Geschichte nämlich kennt keinen Abschluß, sie ist ein unendlicher Prozeß – Unendlichkeit dabei verstanden, wie sie menschlich erfahrbar ist, also das begrenzte menschliche Leben als eine Unendlichkeit nehmend. Folglich kennt die Geschichte gewonnene und verlorene Schlachten, aber sie kennt nicht jenen Schlußstrich, der eine abschließende Formel wie »Sieger der Geschichte« erlaubt. Frühestens am inzwischen nicht mehr undenkbaren Weltende, also in jenem Moment, wo auf dieser Erde das menschliche Leben erlischt, kann diese Spezies von Geschichtsschreibern feststellen, wer der »Sieger der Geschichte« ist, welcher Leiche der Triumph zukommt.

Noch haben wir unsere eigene Geschichte, die unseres Landes und des Sozialismus und der mit uns verbundenen sozialistischen Staaten nicht ausreichend geschrieben. Und nicht ausreichend geschrieben heißt: nicht geschrieben, das sollten Literaten wie Geschichtsschreiber wissen. Denn ein mit gewichtigen Lücken entstandenes Gebäude existiert nicht wirklich, mit dem ersten Wind wird es zusammenbrechen.

Wenn aber – statt an einer schonungslosen, vollständigen, nichts aussparenden Aufarbeitung unserer Geschichte zu arbeiten – wir in dem im NEUEN DEUTSCHLAND erschienenen Artikel »Zur Geschichte der Komintern« wieder mal vermahnt werden, »nicht nur die sogenannten ›weißen Flecke‹ und Lücken zu suchen« – denn »täten wir es, würden wir die ganze Wahrheit verletzen« –, so wird damit eine neue Logik geschaffen: Nach der klassischen und der mehrwertigen Logik ist nun die vieldeutige Logik zu studieren.

Selbstverständlich wäre eine Geschichtsbetrachtung, die sich lediglich auf die durchaus nicht zufälligen »weißen

Flecke« unserer Geschichte richtet, mehr als nur unvollständig. Ein solches Geschichtsbild wäre gleichfalls verlogen. Aber wenn diese Warnung nur dazu benutzt wird, um die damit zugegebenen Auslassungen in unserem Geschichtsbild nicht zu korrigieren, weil sonst die Gefahr bestünde, »die ganze Wahrheit zu verletzen«, so ist das Heuchelei und demagogische Scholastik.

Auch in unserem Land gab es in der Stalinzeit politische Prozesse, bei denen die Angeklagten unter abenteuerlichen Beschuldigungen zu mehrjährigen Freiheitsstrafen – teilweise in Einzelhaft – verurteilt wurden. Besonders empörend für mich war, als ich bei entsprechenden Fragen erfuhr, daß man den Zellenschließern, die mit den Gefangenen nicht sprechen sollten, mitgeteilt hatte, diese Gefangenen seien Nazikriegsverbrecher. Eine Lüge, die für die Inhaftierten nicht zu entlarven und für die Zuchthausbeamten, auch sie »Sieger der Geschichte«, glaubhafter und beruhigender war als die Wahrheit. Eine Lüge, weil man nicht einmal den Zellenwächtern die Wahrheit zu sagen wagte.

Und als eines dieser Opfer, Jahre nach seiner Inhaftierung, bei seinen Genossen im ZK anfragte, ob man nicht endlich gedenke, ihn zu rehabilitieren, bekam er die Antwort: »Aber was willst du? Diese alte Geschichte ist längst vergeben und vergessen.« Er erwiderte: »Daß ihr sie vergessen habt, glaub ich. Ich habe sie nicht vergessen.«

Ein Wort wie das von den »gutgemeinten Unterlassungen von Einzelfragen« ist unerträglich, wenn mit diesen »Unterlassungen« auch die Stalinschen Lager und die Opfer des Stalinismus – nach Angaben von sowjetischen Historikern sind es fünf bis achtzehn Millionen – gemeint sind. Worte wie »tragische Ereignisse« und »zeitweilige Verletzung der Leninschen Normen« wollen und können diesen Terror nicht benennen und nähren den Zweifel, daß diese »Unterlassungen« gutgemeint seien.

Wenn der Kampf der Antifaschisten und Kommunisten gegen Hitler, wenn die von den Faschisten Ermordeten dazu benutzt werden, die andere Wahrheit zu verschweigen, zu vernachlässigen oder als »gutgemeinte Unterlassung« zu kennzeichnen, wenn »rote Ströme vom Blut der Besten« gegen die »weißen Flecke« gesetzt werden, so ist das Demagogie und Geschichtsfälschung. Und nicht zuletzt schmäht es eben diese Opfer, die im Kampf gegen den Faschismus fielen und im Kampf für eine andere, menschenwürdige Welt.

Ein Beispiel für die geschichtsfälschende Darstellung gab jüngstens der erwähnte Artikel »Zur Geschichte der Komintern«. Stalin, heißt es da, »hatte kein Diktat über die Komintern. Zwei von zahlreichen Beispielen sollen hier erwähnt werden.«

Und dann wird dargelegt, daß auf dem V. Kongreß der Komintern Thälmann entgegen den Wünschen des Vorsitzenden Stalin vorgeschlagen hatte, die beiden Fraktionen der polnischen KP mögen allein über das Schicksal der Polnischen Kommunistischen Partei entscheiden.

Daraus folgern die Autoren des Artikels, daß »a) diskutiert wurde und b) daß Thälmann und unsere Partei in dieser sehr komplizierten und schicksalhaften Situation der PKP eine mutige internationalistische Haltung bezogen«.

Dazu ist erstens zu bemerken, daß die Autoren damit nicht »zwei von zahlreichen Beispielen« nennen, sondern nur eins, aus dem sie zwei korrekte Folgerungen ziehen. Und zweitens, wenn die Autoren an dieses gewählte Beispiel in einer Klammer anfügen: »Leider wurde der Vorschlag Thälmanns nicht angenommen« – so kann dieses Beispiel zwar belegen, daß diskutiert wurde und daß Thälmann mutig war, aber es kann nicht beweisen, daß die Komintern nicht unter dem Diktat Stalins stand. Ungewollt beweist das einzig gewählte Beispiel eher das Gegenteil.

In demselben Artikel wird der Hitler-Stalin-Pakt von 1939 angesprochen und dazu die Einschätzung Thälmanns als noch heute gültig und verbindlich vorgetragen.

Den Hitler-Stalin-Pakt – dessen geheime Zusätze bislang für antisowjetische Propaganda angesehen, aber inzwischen auch von der sowjetischen Seite bestätigt wurden – noch immer als einen Nichtangriffsvertrag zu bezeichnen, verrät eine stalinistische Sicht der Geschichte. Die bislang geheimen und lange bestrittenen Zusätze des Hitler-Stalin-Pakts lassen aus marxistischer Sicht nur eine Bewertung zu: Es ist ein Pakt, um Interessensphären und die Aufteilung und geplante Annexion fremder Staaten miteinander abzustimmen. Daß einer der beiden an diesen Pakt glaubte, der andere ihn nie einhalten wollte und dem Partner bald darauf den Krieg erklärte, ändert nichts am imperialistischen Charakter des Pakts.

Wäre 1939 der vollständige Vertrag bekannt geworden, er hätte in der Welt und in der kommunistischen Bewegung weit mehr als nur »große Verwirrung« ausgelöst.

Und es ist verlogen und für einen Historiker entlarvend, einen gewichtigen Kronzeugen, nämlich Thälmann, für sich zu benennen, der die wichtigsten und entscheidenden Teile des Vertrages nachweislich nicht kannte und nicht kennen konnte.

Keine Macht und kein Mensch hat der Sowjetunion und der kommunistischen Idee schwereren und nachhaltigeren Schaden zugefügt als Stalin. Noch heute kämpft die Sowjetunion mit den fast unlösbaren Problemen, die das Land der Stalinschen Politik verdankt.

Stalin – das ist auch ein Problem des deutschen Sozialismus, der DDR. Noch immer kennen wir die Wahrheit nur andeutungsweise, denn die knappen offiziellen Formulierungen wie »in der Sowjetunion unter falschen Anschuldigungen verhaftet« oder »von ungesetzlichen und ungerechtfertigten Repressalien betroffen« sind Andeutungen, die Geschichte nicht erhellen, sondern verdecken sollen.

Noch wird Stalin und der Stalinismus von unserer Geschichtsschreibung höchst unvollständig erfaßt und mit den üblichen »gutgemeinten Auslassungen«. Noch wissen unsere Geschichtsschreiber nur etwas von »tragischen Ereignissen«, als sei damals Stalins Sowjetunion von einer Naturkatastrophe heimgesucht worden.

Stalin brach Hitler das Genick, das ist eine unbestreitbare Wahrheit, die keiner vergessen soll. Aber Stalin brachte auch seine Genossen und Millionen seiner Landsleute um. Auch das ist eine unbestreitbare Wahrheit. Und wer so verschiedene Wahrheiten nicht erträgt und die eine mit der anderen zu verdecken und auszulöschen sucht, fälscht die Geschichte.

Ich will einige Zahlen nennen, die von sowjetischen Historikern stammen und in den Zeitungen der Sowjetunion wiedergegeben wurden:

Von 29 Mitgliedern und Kandidaten des ZK der KPdSU wurden 14 von Stalin ermordet.

Von 60 Mitgliedern des revolutionären Militärkomitees des Petrograder Sowjets wurden 54 ermordet.

Außer Kollontai, Muranow und Stalin wurden zwischen 1935 und 1940 die restlichen Mitglieder der ersten sowjetischen Regierung umgebracht.

Von den 1986 Delegierten des XVII. Parteitages im Jahr 1934, bei dem Stalin 300 Gegenstimmen bekam, wurden 1108 Delegierte Repressalien ausgesetzt.

Von den damals gewählten 139 ZK-Mitgliedern und -Kandidaten kamen 110 in Lagern und Folterkammern des NKWD (Volkskommissariat für Innere Angelegenheiten) um.
Vom Kommandostab der Roten Armee wurden schätzungsweise 40 000 Offiziere getötet.
Und das ist nur die Spitze des Terrors.
Nach den gleichen Moskauer Quellen soll 1927 bei Stalin eine Paranoia diagnostiziert worden sein, und zwar von Bechterew, der damals größten Autorität in der Sowjetunion. Bechterew, über den die Zeitgenossen sagten: »Die Anatomie des Gehirns kennen nur zwei ausgezeichnet: Gott und Bechterew«, kam sofort unter recht merkwürdigen Umständen ums Leben. Sein Sohn wurde später verhaftet und zu zehn Jahren verurteilt, tatsächlich aber wenige Monate nach der Urteilsverkündung erschossen. Dessen Frau wurde zu fünf Jahren verurteilt, von diesen fünf Jahren verbrachte sie acht (!) Jahre im Straflager. Die Familie hat nie erfahren, weshalb sie zum Tode beziehungsweise zur Lagerhaft verurteilt wurden.
Stalins Geisteskrankheit ist also nicht beweisbar, aber viele seiner Taten in den folgenden zwei Jahrzehnten stützen die Vermutung.
In einem Gespräch mit Veljko Mićunović, dem damaligen jugoslawischen Botschafter in der UdSSR, sagte Chruschtschow am 2. April 1956 im Hinblick auf sein Geheimreferat und den XX. Parteitag: »Wir mußten mit Stalin so verfahren. Er führte die Sowjetunion in die Katastrophe. Je älter er wurde, um so stärker entfaltete sich sein krankhaftes und entartetes Naturell. Unter der Last von Alter und Krankheit hat sich Stalin in seinen letzten Lebensjahren durch Filme, die man speziell für ihn herstellte, über Ruß-

land und die Welt unterrichten lassen. Er herrschte in der Überzeugung, daß in der Sowjetunion alles bestens gedeihe.« (MOSKAUER TAGEBÜCHER 1956-1968).

Speziell hergestellte Filme und eine speziell hergestellte Geschichtsschreibung können uns zwar die Illusion geben, daß alles bestens gedeihe. Aber solche Illusionen sind für uns letztlich tödlich, da sie uns unfähig machen, unsere Gegenwart zu bewältigen. Und dann sind wir nicht die »Sieger der Geschichte«, allenfalls die »Sieger der Geschichtsschreibung«. Und Hybris war stets der Anfang vom Ende.

Ich bitte Sie, noch eine kurze Anmerkung machen zu dürfen, die mit dem Thema Geschichte, Geschichtsschreibung und Schriftsteller durchaus zu tun hat, auch wenn es sich dabei um stattfindende Geschichte handelt.

Es macht mich krank, es macht mich physisch und psychisch krank, in einem Land und in einer Stadt zu wohnen, in denen fortwährend Bürger Ausreiseanträge stellen und ausreisen.

Es macht mich krank, die besorgten oder hämischen Kommentare der westlichen Medien zu hören. Oder die Kommentare in unseren Zeitungen zu lesen, die den Vorgang zu banalisieren und zu erklären versuchen, indem sie nicht die Ursachen nennen, sondern die Folgen. Oder wenn im staatlichen Fernsehen eine Prozent-Rechnerei angestellt wird, mit der man die Bedeutungslosigkeit dieser Auswanderungswelle beweisen will. Wenn eine Mutter ein Kind verliert, so ist es schlimm, zynisch und unverzeihlich, ihr vorzurechnen, sie habe nur einen kleinen Prozentsatz ihrer Kinder verloren.

Und die aus unserem Land gegangen sind und gehen, sind unsere Kinder, sind unsere Kollegen, Freunde, Mitbürger.

Dieser Verlust ist nicht zu entschuldigen, und er ist unersetzlich.

Es macht mich krank, in einer Stadt zu wohnen, aus der sich immer wieder Mitbürger mit einem Lebewohl statt mit einem Aufwiedersehen verabschieden. Und ich bin darüber verzweifelt, daß der Staat offensichtlich diese Verluste für bedeutungslos hält, jedenfalls für so bedeutungslos, daß er es nicht für notwendig erachtet, die Ursachen für diesen ständigen Verlust zu bekämpfen. Es macht mich krank, weil die Gesellschaft irgendwo krank ist.

Der Staat und die Gesellschaft müssen die tatsächlichen Ursachen dieses Verlustes bekämpfen. Es gibt Möglichkeiten, diesen Aderlaß ohne Gewalt oder Zwang oder neue beschränkende Gesetze zu stoppen. Dafür gibt es sogar mehrere Möglichkeiten, allerdings gibt es keinen Weg, bevor nicht ein offener Dialog zwischen Regierung und Regierten darüber stattfindet.

Auch wir, auch der Verband, sollten den Staat zu dieser Öffentlichkeit und zu diesem Dialog drängen. Es ist eine Frage der Hygiene: Wir, die Schriftsteller, die Mitglieder der Künstlerverbände und der Akademien, die Intellektuellen des Landes, wir werden eines Tages die Frage zu beantworten haben: »Wo wart ihr eigentlich damals? Wo zeigte sich eure Haltung? Wo blieb euer – und sei's noch so ohnmächtiges – Wort?« Und dann wird uns keine noch so kluge und geschickte Antwort vor der Scham schützen können, wenn wir heute noch immer schweigen.

Nochmals: Sicher trennt uns einiges von denen, die gegangen sind und noch gehen wollen. Ganz gewiß unterscheiden wir uns darin, daß wir eben hierbleiben wollen, um diese Gesellschaft zu verändern und zu verbessern. Aber die, die gehen, sind unsere Kinder und Mitbürger. Auch wir sind für sie und ihr Weggehen verantwortlich, und wir müssen den Staat an seine Verantwortung für diese Kinder und Mitbürger mahnen. Um unserer selbst willen, damit diese Gesellschaft, unsere Gesellschaft, wieder gesundet.

Öffentliche Erklärung

Theater war und ist ein öffentliches Forum. Ich glaube, wir hatten das in der letzten Zeit alle etwas vergessen. Und ich denke, wir sollten das Theater künftig als öffentliches Forum kräftiger nutzen.

Die DDR feierte ihren 40. Jahrestag. Diesmal wurde die Jugend des Landes von Polizei und Staatssicherheit zum Tanz geladen.

In dem Moment, wo in Berlin das Feuerwerk einsetzte, in dem gleichen Moment setzte in dieser Stadt ein Exzeß der staatlichen Sicherheitskräfte ein.

Das Honorar für diese Veranstaltung und für eine in Halle vor zwei Tagen und die Honorare künftiger Lesungen werde ich den Gruppen übergeben, die zur Zeit die Ausschreitungen seitens der staatlichen Sicherheitskräfte in Berlin und in anderen Städten registrieren, die Aussagen der Opfer überprüfen und die Ergebnisse ihrer Arbeit vor unerwünschtem Zugriff sichern.

Die DDR wurde an ihrem 40. Jahrestag weltläufiger. Denn es ist wohl Weltläufigkeit, wenn wir Bilder, die wir bisher aus Chile und China zu sehen bekamen, nun auf unseren Straßen erblicken können.

Ich werde, solange das erforderlich ist, die Regierung mahnen, eine unabhängige Kommission einzusetzen, um den durchaus nicht vereinzelten, sondern offenbar gelenkten Exzeß der staatlichen Sicherheitskräfte zu untersuchen. Allerdings muß es eine unabhängige Untersuchungskommission sein, damit sie glaubwürdig ist, also eine Kommission unter Einschluß der Kirche. Denn die Kirche hat sich in der letzten Zeit als besonders verantwortlich für dieses Land

und die sozialistische Gesellschaft erwiesen. Verantwortlicher, volksnäher und handlungsfähiger als andere Kräfte des Landes.
Ich verbeuge mich vor jenen Männern, die am 9. Oktober in Leipzig durch ihr besonnenes und wahrhaft staatsmännisches Auftreten einen weiteren und möglicherweise noch schlimmeren Exzeß verhinderten.
Und ich erinnere an jene, die nun im Militärgefängnis sitzen, weil sie sich weigerten, auf friedliche Demonstranten einzuschlagen. Diese jungen Männer haben sich um ihr Vaterland verdient gemacht:
Wenn ein Teil der Jugend das Land verläßt und der andere Teil der Jugend – der auf der Straße mitteilte: »Wir bleiben hier« und den staatlichen Sicherheitskräften zurief: »Das Volk sind wir. Wen beschützt ihr?« –, wenn diese Jugend zusammengeknüppelt wird, dann sind wir alle gefordert, dann gibt es für keinen von uns eine Entschuldigung, wenn wir weiter schweigen. Denn es kann keiner mehr sagen, das haben wir nicht gewußt.

Zwei Sätze über Wanderschaft und Exil

I.

Emigration und Migration sind Worte, die in ihrer ursprünglichen Bedeutung etwas Freundliches, Angenehmes, Weltoffenes benennen: das Auswandern und Einwandern, also ein Wandern, eine sportliche oder erholsame Tätigkeit, die uns zu einem gewünschten und frei gewählten Ziel bringt, eine durchaus lustvolle Tätigkeit, für die es eigens dafür gedichtete und komponierte Lieder gibt. Man führt dabei gewöhnlich Nahrungsmittel mit sich, die als Wegzehrung gedacht sind, nicht als Alimentation des verbleibenden Lebens. Und der Stock, den der Wanderer in der Hand hält, soll dem unbeschwerteren Vorwärtskommen dienen und ist nicht gedacht als Waffe zur Verteidigung von Gesundheit, Freiheit und Leben.

Wandern, das war, das ist die ursprüngliche Bedeutung dieser Worte, doch sie scheint uns gründlich abhanden gekommen zu sein. Der Emigrant, der Migrant weckt in uns nicht die Assoziation eines den Waldweg entlangziehenden Wanderers. Längst verbindet sich mit dem Emigranten und Migranten das Vertriebensein. Es sind Menschen auf der Flucht vor einem bedrohlichen Schicksal, auf der Flucht in eine ungewisse Zukunft, vertrieben dort, unerwünscht hier. Ihr Rucksack enthält kaum genügend Wegzehrung, um das Ziel erreichen zu können, und viel zu wenig Geld, um am Ankunftsort willkommen zu sein. Vor allem aber enthält er die falschen Papiere: zu wenige amtliche Dokumente, um einen Aufenthalt begründen zu können, die überdies befristet sind, so daß diese Wanderer am nächsten Morgen ihr Bündel zu packen und weiterzuziehen haben, denn das

Boot ist wieder mal voll, und die Bänke an den Tischen sind längst besetzt. Statt der richtigen und nützlichen Papiere, statt einer unterzeichneten und gestempelten Genehmigung eines Staates und statt der köstlichen Niederlassungsgenehmigung für alle Staaten der Welt, der Banknote, haben diese Wanderer Papiere bei sich, mit denen sie Zeugnis geben wollen, Zeugnis von Bedrohung und Verfolgung, von Intoleranz und Haß, von Mord und Totschlag. Und statt der erwünschten Papiere, nach denen man sie fragte, legen sie ungebeten diese Blätter vor uns hin, verlangen sie, daß wir diese Zeugnisse lesen, um sie zu erkennen, wollen sie sich mit diesen Urkunden ausweisen.

Es sind schwer lesbare Papiere, bedrückende Texte, die wir nicht lesen wollen und inzwischen auch kaum lesen können, denn diese Literatur wirkt auf uns rückständig, zurückgeblieben und hat nichts von unserer inzwischen erreichten Kulturstufe, wonach Texte, wenn sie gelesen werden sollen, unterhaltsam zu sein haben, vergnüglich. Bücher müssen uns Spaß bereiten oder gelten als Makulatur. Wir haben eine Kultur des puren Amüsements erreicht, die wir nicht aufgeben wollen, da stören uns, verstören uns diese Berichte, und wir wehren uns, indem wir sie nicht wahrnehmen. Diese uns vorgelegten Zeugnisse sind, das wollen wir keineswegs bezweifeln, wahr und wichtig, die bezeugten Schicksale sind unstrittig und aller Ehren wert, die sie auch bekommen sollen, aber darüber hinaus wollen wir damit nicht behelligt werden und schon gar nicht soll es unsere Zeit und Aufmerksamkeit kosten.

Wir haben sogar eine gewisse Sensibilität für diese Leute und ihre Berichte, denn vor vielen Jahren, in einer grauen Vorzeit, waren, wir erinnern uns dunkel, einige aus unserem Volk in einer vergleichbaren Situation, doch schon damals waren sie uns lästig. Nun aber haben wir eine Demokratie, die wir als stabil und gefestigt bezeichnen, und eine moderate Lebensweise entwickelt. Wir sind gegen die Umwelt und gegen die Natur, selbst gegen die eigene Natur, versichert, und Schicksal nehmen wir nur als gleichfalls rundum versichertes Adventure in Anspruch, als einen Abenteuerurlaub, der uns um so deutlicher die erreichten Sicherheiten erkennen läßt. Noch haben wir den Tod und ein paar Krankheiten nicht eliminieren können, da sind noch ein paar Bausteine des Lebens zu entschlüsseln, bevor wir völlig unbeschwert uns einem dann tatsächlich unendlichen Vergnügen hingeben können. Doch auch solange wir noch von Sterblichkeit bedroht sind, wollen wir uns lieber zu Tode amüsieren als zu Tode langweilen. Und diese Wanderer und ihre Zeugnisse langweilen uns. Es sind gewiß gute Menschen und tapfere Kämpfer, sie haben viel hinter sich und ebenso sicher noch viel vor sich, sie wurden vom Schicksal geschlagen, und das ist leider nicht sehr amüsant, nicht amüsant genug, um uns zu interessieren.

Diese Emigranten und Migranten sind keine Wanderer, mit denen wir uns gern zu einem Bier setzen, um uns mit ihnen zu unterhalten. Ihrer Wanderschaft ist das Brandzeichen der Verbannung aufgeprägt, es sind Exilsuchende, das erschwert uns die Verständigung mit ihnen, denn wir haben unser Leben auf einen anderen Ton eingestimmt. Wir achten diese Menschen und sind bereit, sie zu ehren, aber darüber hinaus ist es wünschenswert, sie aus unserem Leben zu halten. Wir sind sogar bereit, sie finanziell etwas zu unterstützen, wir sind keine Unmenschen und überweisen fast gern eine kleine Summe auf ein angegebenes Konto. Doch schon mit Dankesbekundungen ihrerseits bitten wir uns zu verschonen. Exil ist ein Stigma und kein Entree. Unsere eigenes Leben ist schwierig genug, wir haben Mühe, es erfolgreich oder auch nur hinreichend zu überstehen, und können uns daher nur sehr eingeschränkt noch um andere kümmern, wenn wir nicht Gefahr laufen wollen, selbst unterzugehen.

Das 20. Jahrhundert hat uns mit verschiedenen Grundsätzen und Lebenskonzeptionen konfrontiert, von denen die meisten scheiterten und heute nur noch lächerlich sind. Eine einzige Lehre hat sich als beständig und dauerhaft erwiesen, und wir haben diese Lektion gelernt, die da lautet: für alle reicht es nicht. Auch Almosen und Krümel sind ein Teil jenes Kuchens, vor dem so viele Esser hocken und darauf warten, ihren Teil zu bekommen. Auch die Krümel, hat ein Kassensturz ergeben, werden nicht für alle reichen.

Diese Wanderer suchen ein Exil, sie brauchen ein Exil, sie werden es bei uns nicht finden. Wir werden ihnen ein sicheres Drittland nennen, in dem sie ihre nutzlosen Papiere vorlegen können. Aber die Wanderer sollten sich keinen Illusionen hingeben: dieses sichere Drittland existiert so real wie der dritte Weg, es ist eine Landschaft auf der Weltkarte Utopia, auffindbar mit dem Kompaß Prinzip Hoffnung. Das Ziel dieser Wanderer ist ein Ort für ihr Exil, der Weg wird ihr Schicksal sein.

2.

Wo und wann beginnt das Exil?

Der Fluchtort ist das Ende, der Anfang aber liegt in einem ganz gewöhnlichen Leben, einer gewöhnlichen Stadt mit gewöhnlichen Leuten und beginnt unübersehbar und erkennbar an dem Tag, an dem einer »Der da« sagt und mit dem Finger auf jemanden zeigt und andere diesen Ruf aufnehmen und diesen einen auszugrenzen beginnen, weil er

»auffällig« ist, aus rassischen oder religiösen Gründen, aus ideologischen oder kulturellen.
»Wenn man sich in der Schule prügelt, ist das in Ordnung«, sagte Ivan Nagel, »wenn man von drei, vier Mitschülern einmal in der Woche als Jude verprügelt wird, verletzt das Wort tiefer als die Schläge.«
Von diesem Schulhofstreit, noch unentschlossen schwankend zwischen bösartiger Schülerlaune und einem sich verfestigenden, irrationalen Haß, führte eine direkte Linie zu Mord und Völkermord, führt der Weg noch heute zu tödlichem Haß, zu Totschlag und Mord.
Doch noch bevor jemand den Finger ausstreckt und eine Person oder eine Gemeinschaft verstößt, ausstößt, zum Paria erklärt, muß es eine Ursache geben, eine Quelle, einen bewegenden Grund. Sicherlich sind es keine glücklichen, keine mit sich zufriedenen Menschen, die so viel Haß in sich tragen und ihn ausleben müssen. Es sind Unglückliche, die einen Schuldigen für ihr Unglück suchen, und sie sind nicht fähig oder nicht bereit, bei dieser Suche einmal einen Blick in den Spiegel zu werfen. Sie brauchen eine andere Person, eine Menschengruppe, sie brauchen einen Mitmenschen, in dem sie die Ursache ihres Unglücks ausmachen können.
In Deutschland machen sich wieder Rassismus und Ausländerhaß bemerkbar. Geradezu regelmäßig und fast wöchentlich werden Gewaltakte und auch mörderische Übergriffe gegen Personen gemeldet, die als nicht zu unserem Land und unserem Volk gehörig, als fremd empfunden und bezeichnet werden. Die Politiker und die Parteien sind besorgt. Gesellschaft und Medien haben sich auf eine Erklärung verständigt, wie dieses fatale Aufleben von überwunden geglaubten faschistoiden Haltungen zu bewerten sei, ohne selbst Schaden zu nehmen. Der Rechtsradikalismus und die Fremden-

feindlichkeit gelten ihnen als ein Problem Ostdeutschlands, einer zurückgebliebenen Region des Landes, mit der man wenig, mit der man eigentlich nichts zu tun hat.

Richtig ist, daß es erschreckend viele Gewalttaten im Osten gibt, daß hier ein Komplex von Minderwertigkeit und Zweitrangigkeit, gespeist durch Arbeitslosigkeit, durch Gefühle von Deklassierung, durch Demütigungen und durch Orientierungslosigkeit diesen Rechtsradikalismus förderte. Und diese Jugendlichen haben eine Erfahrung gemacht, die wir ihnen nicht ausreden, nicht wegreden können, die zwiespältig ist und bedrückend. Plötzlich, sagen sie, werden wir akzeptiert, man nimmt uns ernst. Zum erstenmal werden sie ohne Herablassung oder entwürdigendes Mitleid wahrgenommen. Sogar mit Furcht und Entsetzen, so sehr respektierte man sie, seit sie das Land und die Medien und das Ausland beunruhigen. Jetzt haben wir gleiche Augenhöhe, sagte einer zufrieden, endlich.

Investoren wurden verschreckt, hieß die alarmierende Meldung der Politik und der Wirtschaft. Ich fürchte, diese Schreckensmeldung wird bei den Rechtsradikalen eher als Triumph gefeiert. Wurden aber nur Investoren verschreckt und abgehalten, nach Deutschland zu kommen? Eine Meldung »Asylsuchende wurden verschreckt« las ich nirgends, doch sie, die allerersten Opfer dieser Gewalt, werden doch auch entsetzt reagiert haben. Fehlte die Meldung »Asylsuchende wurden verschreckt«, weil es eine Abschreckung wäre, die in Deutschland weniger Empörung auslösen würde, möglicherweise sogar »klammheimliche Zustimmung«?

Die fremdenfeindlichen Übergriffe sind durchaus nicht auf Ostdeutschland beschränkt, und es ist unsinnig und heuchlerisch, es ist verlogen, ein gesamtgesellschaftliches Problem zu einer lediglich regionalen Schwierigkeit ummünzen zu wollen. Auch aus westdeutschen Kommunen kommen regelmäßig solche Meldungen. Mehr noch, Struktur und Aufbau, die gesamte Logistik, die entsprechenden Parteien und der Parteienapparat kommen aus der ehemaligen Bundesrepublik. Die Neonazis hatten lediglich vor den Politikern begriffen, daß sich im Osten ein Potential an Selbsthaß und Selbstverachtung aufbaute, hervorgerufen aus Demütigung und Entwürdigung. Hier konnten ihre Parolen schneller und durchdringender greifen als in dem wirtschaftlich stabileren Westen. Die Neonazis erkannten rasch, daß in den blühenden Landschaften von Frustration ihre Saat gut sprießen kann. Wenn nun schönfärberisch die Gewalttaten im Westen übersehen und als Einzelerscheinung abgetan werden, wenn der Rechtsradikalismus als peinliches Problem Ostdeutschlands ausgemacht wird, mit dem die eigentliche Bundesrepublik nichts zu tun hat, peinlich vor allem der Reaktionen des Auslands wegen, dann ist man wohl weniger bereit, sich dem Problem zu stellen und es offen anzugehen, als es rasch zu verstecken, in einer Schmuddelecke abzulegen, mit der man recht eigentlich nichts zu tun hat. Dann könnte unter der Hand, unter diesem Teppich des Selbstbetrugs, in Deutschland etwas heranwachsen, was nicht nur Investoren abschreckt.

Bevor jemand einen vermeintlich Schuldigen ausmacht, auf ihn weist und ihn ausgrenzt, muß es eine Bereitschaft für diese Ausgrenzung geben, muß es Demütigung und Entwürdigung geben, die zu Selbsthaß und Selbstverachtung führen, die schließlich den Rassismus und die Fremdenfeindlichkeit erzeugen.

Wie kommt es zu Antisemitismus in deutschen Ländern, in denen kaum noch Juden leben? Wie kommt es zu Fremdenfeindlichkeit selbst in Gegenden, wo fast keine Ausländer wohnen? Wie fokussiert sich ein anfangs undeutliches, eher dumpf brodelndes als bewußt begriffenes Gefühl auf eine bestimmte Gruppe in der Gesellschaft? Elternhaus und Umfeld, heißt es, würden die Jugendlichen in eine bestimmte Richtung lenken. Das mag sein, die deutschen Stammtische, die Stammtische in ganz Deutschland waren gewiß nicht die Wiege und sind nicht der Hort von Aufklärung und Toleranz. Möglicherweise liegt hier eine der Ursachen, brodelt das gesamte zwanzigste Jahrhundert mitsamt der faschistischen Ideologie noch immer unter dem Boden unserer Demokratie.

Gelegentlich zeigen sich ein paar Blasen dieses eruptiven Gemisches, kommen ein paar Wortfetzen und Sätze an die Oberfläche, die uns die dünne Decke deutlich machen, auf der wir uns bewegen. Wenn wir die Protokolle des Bundestages und der Landesparlamente aus den letzten Jahrzehnten durchgehen, nähern wir uns den eigentlichen Anfängen dieser Entwicklung, die uns heute beunruhigt. Von diesen höchsten Volksvertretern kamen jene Wortschöpfungen, die sich in unserer Alltagssprache festsetzen, Eingang in unsere Gesellschaft fanden, Worte wie »Asylanten« und »Asylbetrüger« und »Sozialschmarotzer«. Von ihnen kamen die Parolen »Deutschland ist kein Einwandererland« oder »Kinder statt Inder«. Hier, in den Protokollen der ehrenwerten Volksvertreterversammlung und der Staatsgewalt finden wir die Samenkörner jener Saat, die jetzt in Deutschland erblühte.

»Geht einmal euren Phrasen nach«, heißt es bei Georg Büchner, »geht einmal euren Phrasen nach bis zu dem Punkt, wo sie verkörpert werden.«

Die gleichen Leute, die diese Parolen und Sprüche unter das

Volk brachten, zeigen sich nun erschreckt und denken über ein Verbot rechtsradikaler Parteien nach. Es mag vorkommen, daß ein Landwirt im Spätsommer über die aufgegangene Saat erschrickt, die er im Frühjahr selbst aussäte, aber dann ist das ein schlechter Bauer, der nicht zu wirtschaften versteht und falsch am Platz ist und ihn räumen sollte.
Ich weiß nicht, ob ein Parteienverbot die Probleme einer Gesellschaft lösen kann, ob Probleme wirklich verschwinden, wenn man sie hinter Gitter bringt. Möglicherweise will man diese Parteien auch nur verbieten, um die Stimmen jener Wähler zu bekommen, an deren staatsbürgerlichen Bildung man schließlich beteiligt war.
»Geht einmal euren Phrasen nach bis zu dem Punkt, wo sie verkörpert werden.«

Prägungen

Sogar Heinrich Heine, wir wissen es von ihm selbst, hätte ein allseits angesehener Bürger werden können, wohlgelitten und unvertrieben, ein guter Deutscher und rechter Patriot also, denn seine Mutter entriß ihm frühzeitig jeden Roman, verbot ihm den Besuch des Schauspiels, gestattete nicht, daß dem Kind Gespenstergeschichten erzählt werden, und tat ihr Möglichstes, um jeden Aberglauben und alle Poesie von ihm fernzuhalten. »Sie hatte nämlich die größte Angst«, schreibt Heine, »daß ich ein Dichter werden möchte; das wäre das Schlimmste, sagte sie immer, was mir passieren könnte.« Sie sorgte dafür, daß er Jurisprudenz studierte, da sie gesehen hatte, daß auch in Deutschland die Juristen allmächtig sind und die Advokaten schwatzende Hauptrollen spielen und dadurch zu den höchsten Staatsämtern gelangen. So studierte er das römische Recht, das Corpus juris, die Bibel des Egoismus, mit dessen Hilfe man das Geraubte sicherzustellen und mit Gesetzen zu schützen sucht, jenes Recht also, das allen unseren modernen Staaten zugrunde liegt, »obgleich es im grellsten Widerspruch mit der Religion, der Moral, dem Menschengefühl und der Vernunft steht«.

Aber alle mütterliche Sorge, ihre Welt- und Menschenkenntnis verratenden Ermahnungen blieben, wir wissen es, fruchtlos. Ein Oheim, »ein Sonderling von unscheinbarem, ja sogar närrischen Äußeren«, stellte dem Kind eine staubige Kammer zur Verfügung mit einer Bibliothek, die für den jungen Heine die Dachstube in einen prachtvollen Palast verwandelte. Die Folgen waren voraussehbar: er lernte lesen, er lernte schreiben, er wurde zum Demokraten, seine

Schriften wurden verboten, er lebte in Armut, er starb im Exil.

Und dabei war der Beginn so hoffnungsvoll: er hätte ein deutscher Richter werden können, ein geachteter – oder doch gefürchteter Jurist und Verteidiger der heiligen Bibel des Egoismus.

Ganz wie der Leser sie auffaßt, so haben sie ihr Schicksal, die Bücher, sagte Terentianus Maurus. Aber sie haben nicht nur ein eigenes, sie beeinflussen auch die Schicksale anderer, nicht nur die ihrer Autoren, Verleger und Buchhändler, auch die ihrer Leser. Es sind anfänglich gewiß winzige Wirkungen, die von den Büchern, den Märchen und Geschichten ausgehen, aber sie hinterlassen etwas, was unmerklich weiterwirkt und das Individuum bestimmt. Neben der Religion – oder gemeinsam mit ihr – ist es das, was wir Literatur nennen, also die Gesamtheit der mündlich und schriftlich überlieferten und vorhandenen dichterischen Werke, die unsere Vernunft und Moral prägen. Es sind die uns erzählten Märchen und Gespenstergeschichten, die uns ein erstes Bild von dieser Welt geben, unsere früheste Haltung zu ihr bestimmen, lange noch, bevor wir diese Haltung als eine solche erkennen und uns ihrer bewußt werden. Hunger und Liebe, für diese und andere uns und die Gemeinschaft regulierenden Bedürfnisse, für die kreatürlichen Neigungen und Erfordernisse sorgt die Natur. Aber die Humanisierung des Menschen ist allein eine zivilisatorische Leistung, so stabil und brüchig wie diese Zivilisation. Gerechtigkeit beispielsweise ist der Natur fremd, sie ist kein kreatürlich-natürlicher Wert. Vielmehr ist das Recht des Stärkeren uns arteigen und angeboren und uns und unserer Welt gemäß; ein Streben nach Gerechtigkeit dagegen ist ein Ergebnis von Erziehung und durchaus weltfremd, ein Transplantat unserer

Kultur und Gesittung. Es sind die Märchen, die das Samenkorn für diese Art von Gefühlen und Werten in uns pflanzten, die ursprüngliche Poesie, die Volksmärchen, die in uns einen Sinn für Gerechtigkeit weckten. Unsere Confessio hat diese eigentlich unnatürlichen, diese weltfremden Werte in ein System gebracht, das die Gesellschaft prägt, das uns Maßstab unseres Lebens ist, gelegentlich jedenfalls, am Geburtstag unseres jeweiligen Religionsgründers eventuell.

Und die Literatur, die Gesamtheit der schriftstellerischen Arbeiten, hat ihren Anteil an dieser Menschwerdung, der Zivilisation. Unser Gespür für Recht und Ordnung wurde durch Aschenputtel und Froschkönig geweckt, durch den Kleistschen Kohlhaas geschärft. Wir haben einen Sinn für das Dilemma entwickelt, den scheinbar unlösbaren Widerspruch eines Rechtsstaates, der kein Recht verschaffen kann. Wir haben – noch bevor wir es selbst erfahren mußten – aus der Literatur gelernt, daß Rechtsstaat und fehlende Gerechtigkeit durchaus einen Reim machen und daß der, der gegen diesen Mißklang angeht, der sich damit nicht zufriedengeben will oder kann, der die Gerechtigkeit auch in einem und gegen einen Rechtsstaat durchzusetzen sucht, bald zum Räuber und Mörder wird. Die Literatur, deren Neuheiten in dieser Stadt nun wieder fast vollständig präsent sind, sie hat ihren Anteil an dieser Humanisierung des Menschen, an der Herausbildung der Identität des Einzelnen, an der Bildung des sozialen Gefüges und des moralischen Weltbildes.

Unstrittig hohe Werte, ein bedeutsames Verdienst. Die Aufklärung, die das moderne Europa formte, ist ohne das Buch nicht denkbar. Der Ausgang aus der selbstverschuldeten Unmündigkeit hatte auch die Arbeit von Verlegern und Buchhändlern zur Voraussetzung. Wenn wir es bei diesen

Bemerkungen bewenden lassen könnten, wir wären es alle zufrieden.
Aber trotz der Zahlen, mit denen Jahr für Jahr die Buchmessen unser Erstaunen erregen, der Leser verschwindet kontinuierlich. Schon haben wir Mühe, im eigenen Bekanntenkreis Personen zu nennen, die tatsächlich noch Romane lesen, so wie früher, wie vielleicht noch im 19. Jahrhundert, also von der ersten bis zur letzten Seite. Autoren und Lektoren, freilich, sie lesen noch, aber sie leben davon oder versuchen es doch, sind also professionelle Leser und insofern überhaupt nicht relevant für das diagnostizierte Verschwinden. Die Verleger und Buchhändler, sind sie noch belesen oder nur glänzend informiert und beredt genug, den Mangel – wenn es denn einer sein sollte – zu verdecken und auszugleichen. Die Flut der Neuerscheinungen ist ohnehin nicht mehr zu bewältigen. Die Rezensenten verzichteten längst auf das Lesen, und gelegentlich und unter vier Augen gestehen sie es auch ein. Sie bedauern es, fühlen sich aber zum Verzicht auf das Lesen gezwungen, denn nur ihr eigener Text, die Rezension, wird bezahlt, nicht die Lektüre des möglicherweise voluminösen Buches. So beschränken sie sich darauf, das Buch »diagonal« oder »anzulesen«, was immer das sein mag. Oder sie stützen sich auf das übersandte Verlagsmaterial und folgen ansonsten dem mainstream, und dazu bedarf es keiner Lektüre, da reichen zwei, drei Telefonate völlig aus.
Über das Verschwinden des Lesers könnten wir uns nun leicht und elitär trösten: es war immer nur eine Minderheit, die sich für den Eigensinn und das gute Gedächtnis der Literatur interessierte. Das Standesprivileg und der Standeszwang, der sich einst mit dem Lesen verband, ist verschwunden, und damit vielleicht auch der Standesdünkel.

Nun liest halt nur noch, wer es nicht lassen kann, und der Feuilletonist mag es zufrieden sein.

Auffällig aber ist, wer es lassen kann. Die Elite des Landes, wird uns gemeldet, die Leistungselite nahezu vollständig. Nun, wir sind nicht überrascht, die Elite der Gesellschaft ist beschäftigt, ist überbeschäftigt, eine 60- oder gar eine 70-Stunden-Woche läßt keine Zeit für Lektüre. Das ist weder verwunderlich noch beunruhigend.

Aber die neuere Soziologie will es bei diesem freundlich-privaten Bescheid nicht belassen. Die »fehlende Zeit«, die wir der Elite eben generös und mitfühlend als Erklärung für die ausbleibende Lektüre attestierten, läßt sie auf Grund ihrer Untersuchungen nicht gelten. Sie entdeckte andere Ursachen für die schwindende Bedeutung der Literatur, benannte gewichtigere und durchaus beunruhigendere Gründe für den Verlust dieser Leser, für diese zeitgemäße Abneigung.

Literatur ist identitätsfördernd, Lesen prägt das Individuum und ergibt – um einen Begriff aus der Computer- und Datenträgersprache zu wählen – eine Initialisierung. Sie schafft im Individuum eine ursprüngliche Einteilung, deren Struktur alle späteren Erfahrungen, Haltungen, Kenntnisse ordnet und einordnet.

Eben das war eine Aufgabe und ein Ziel der Aufklärung, und eben diese prägende Identität wurde in unserer Zeit zu einer unerwünschten Belastung, da die erfolgte Prägung das Künftige nicht nur strukturiert, sondern auch über die Akzeptanz entscheidet. Das zu seiner Identität gelangte Individuum nimmt nur noch eingeschränkt auf, es filtert und prüft die eingehenden Informationen, es wählt aus, und es ist nicht mehr beliebig zu gebrauchen. Was einst als aufklärerische Leistung galt, wurde zum Handikap: Literatur stiftet

Identität, die nicht mehr gefragt ist, die in einer effizienten Technokratie verhindert werden muß, da sie die Disponibilität des Menschen einschränkt. Das Lesen, sagt uns heute die analytische Geisteswissenschaft, ist ein traditioneller Wert, und es schafft lediglich traditionelle Werte. Das Individuum im heutigen Produktionsprozeß darf sich nicht länger auf eine einzige Identität festlegen lassen. Es muß, um effektiv arbeiten zu können, um überhaupt den wechselnden Arbeitsanforderungen zu genügen, um nahezu beliebig verfügbar zu sein, zu einem Identitätswechsel bereit und fähig sein. Das Individuum, so lautet der kulturkritische Einwand gegen einen weiteren sorglosen Umgang mit der Literatur, muß sich für mehrere Identitäten offenhalten, muß für unterschiedliche Identitäten verfügbar sein. Die Echtheit, die Unverwechselbarkeit einer Person ist nicht mehr für ein ganzes Leben, sondern nur noch für kurze Lebensabschnitte erforderlich und brauchbar. Jedes Individuum muß für aufeinanderfolgende, grundsätzlich diskrepante Dispositionen bereitstehen, muß sich für eine Mehrfach-Initialisierung geeignet erweisen.

Aus dem Umgang mit der Literatur, dem Lesen, folgt eine derart aktive Prägung des Individuums, daß spätere, korrigierende oder gar grundsätzlich verschiedene Einflußnahmen unmöglich werden. Der heute notwendigen Disponibilität des Individuums, lehren uns jene Disziplinen, die die Entwicklung und die Formen der menschlichen Gesellschaft untersuchen, sei daher besser mit einer passiveren Beeinflussung gedient, wie wir sie etwa durch die Medien erfahren. Geradezu optimal in der erwünschten Eindrücklichkeit sei, was wir als interaktive Computerspiele und interaktives Fernsehen kennen: auch hier wird Identität geschaffen, ausreichend prägend, um zeitweise nutzbar zu sein, und doch oberflächlich genug und jede Tiefe meidend, um für eine spätere Veränderung eine befriedigende Matrize zu schaffen. Mit unseren sich ändernden Lebens- und Produktionsweisen veränderten sich die Werte. Die neu entstandenen Werte ergaben sich zwangsläufig aus dem Stand unserer Zivilisation und Produktion. Das ist moralisch nicht zu beurteilen, weder zu bedauern noch zu loben, sondern nur wahrzunehmen und zu akzeptieren.

Wenn Literatur, wie uns die Wissenschaft unterrichtet, so nachhaltige Prägungen bei uns hinterläßt, daß das derartig gebildete Individuum für die modernen Produktions- und Reproduktionsprozesse ungeeignet ist, dann mag der aufklärerische und Bildungswert weiterhin unbestritten sein, ebenso unstrittig ist dann aber auch die Schädlichkeit der Literatur und des Lesens.

Disponibilität ist gefragt, Verfügbarkeit, Aufgeschlossenheit, natürlich auch Anpassung, Geschmeidigkeit, Assimilierung, Kompatibilität und gewiß auch Opportunismus. Sich schnell und bedenkenlos der jeweiligen Situation anzupassen, die Nützlichkeit zu erwägen und diesen Nutzen allem voranzustellen, das ist die Tugend der Effizienz. Sie nicht anzuerkennen, sie vielleicht gar zu verachten verweist vielleicht auf eine traditionelle Bildung, auf Belesenheit, auf die Kultur eines vergangenen Jahrhunderts, aber auch auf Weltfremdheit und ein gestörtes Verhältnis zur Gesellschaft.

Als im Sommer 1947 die amerikanische Militärverwaltung General Engel und einige andere hitlertreue Generalstabsoffiziere aus der Kriegsgefangenschaft entließ, erkundigte sich Generalmajor von Gersdorft, der vier Jahre zuvor versucht hatte, Hitler in die Luft zu sprengen, warum er im Lager bleiben müsse. Der Lagerkommandant erwiderte ihm:

»General Engel hat in seinem ganzen militärischen Leben gezeigt, daß er stets nur die ihm gegebenen Befehle ausführt. Er wird uns auch im Zivilleben keinen Widerstand leisten und ist daher für uns keine Gefahr. Sie aber haben bewiesen, daß Sie gegebenenfalls Ihrem Gewissen gehorchen und dann unter Umständen unseren Anordnungen nicht Folge leisten würden. Deshalb sind Leute wie Sie für uns gefährlich.« (zitiert nach J. Fest: Staatsstreich)

Vierundvierzig Jahre später, im Herbst 1991 werden zwei Bürgerrechtler der DDR vom neuen Personalchef ihres gerade privatisierten Betriebes mit der Auskunft entlassen, daß begründete Zweifel an der Loyalität der beiden Mitarbeiter gegenüber der Firma bestünden, da sie in der Vergangenheit – also in der Zeit vor 1989 – andere Interessen über die des damaligen Kombinates stellten. Brauchbar sind und nicht entlassen wurden dagegen drei leitende Angestellte, die vor 1989 keinerlei Anstoß nahmen an fraglichen und heute wie damals strafbaren Handlungen der ehemaligen Kombinatsleitung.

Zwei Entscheidungen, 1947 und 1991, die uns höchst ungerecht erscheinen, wenn wir traditionellen Wertvorstellungen folgen. Gleichzeitig wissen wir, daß beide Entscheidungen, die unserem Gefühl für Recht und Gerechtigkeit widersprechen, sinnvoll und richtig sind. Die Persönlichkeitsstruktur der Betroffenen wies Prägungen auf, denen sie vermutlich weiterhin folgen, folgen müssen. Der Kompromiß, der Opportunismus findet in dieser Identität keinen Nährboden. Es gab in der Vergangenheit Ärger mit ihnen; alles sprach dafür, daß es auch künftig Ärger geben würde. Gewünscht war und ist ein Wechsel der Identität, aber dafür wären andere Tugenden vorauszusetzen, andere Prägungen.

Wir haben alle mit diesen Tugenden unsere Erfahrung machen müssen.
Wenn beispielsweise eine liberale Zeitschrift sich national mausert, die Redaktion aber vollständig und unverändert bleiben kann und kein Mitarbeiter Schwierigkeiten hat, diese Wende mitzuvollziehen, so ist das nicht allein mit den guten Gehältern zu erklären.
Oder wenn eine große bürgerliche Zeitung den Kurs ändert und zum zentralen Blatt des nationalistischen Revisionismus wird – und es ist Revisionismus, der sich in der neu entflammten Eigentumsfrage zu Wort meldet, ein Revisionismus, der die Ergebnisse des 2. Weltkrieges revidieren will, der nach dem Abzug der Besatzungsmächte die Anti-Hitler-Koalition revidieren will, ein Revisionismus, der nicht an der deutschen Ostgrenze einhalten, sondern weitergreifend Eigentum in Osteuropa einklagen wird und Grenzen verändern will, ein Revisionismus, der der eigentliche Rechtsradikalismus im Wortsinn ist, gefährlicher, folgenreicher, terroristischer als jener, der landläufig als Rechtsradikalismus ausgemacht und von Polizei und Justiz mehr oder weniger behelligt wird – wenn diese gewichtigen Veränderungen eintreten, ohne daß auch nur ein Redakteur sich genötigt sieht, persönliche Schlußfolgerungen zu ziehen, geschweige denn eine ganze Redaktion auf die (aufgegebenen) liberalen Positionen insistiert, so haben wir jenen von der Soziologie geforderten modernen Bildungsbürger, fähig und bereit zu beliebigem Identitätswechsel, da keine Identität unwiderruflich und unrevidierbar ist. Wir könnten einwenden, es sind Leute ohne Rückgrat, aber damit verraten wir nur, wie indisponibel wir sind.
Das Buch ist zweifellos ein kostbares Kulturgut. Es hat einen geschichtlichen, einen menschheitsgeschichtlichen

Wert, den wir anerkennen sollten, ohne zu übersehen, daß sein zeitgeschichtlicher Wert geringer ist und fortgesetzt schwindet. Die Aufklärung war ohne das Buch und den Buchdruck nicht denkbar. Die heute erforderliche Mehrfach-Identität hat ihr förderliches Pendant in den Medien gefunden und wird durch die Literatur nur behindert. Wir könnten nun von einem höheren Wert der Literatur und des Buches sprechen, wir könnten die Mehrfach-Identität aufklärerisch als Null-Identität, als ein Manko, als einen Ausfall von Humanismus kennzeichnen. Aber ich denke, wir wissen auch, daß das anachronistisch wäre, gegen den Zeitgeist gesprochen und nicht eben förderlich für die Karriere. Eine nachhaltige Prägung und eine beständige Identität, sie sind durchaus hinderlich, denn sie bestimmen unsere Haltungen, führen uns zu einer Haltung. Es ist eben nicht folgenlos, ob man das Corpus juris als die Bibel ansieht oder als eine Bibel des Egoismus. Und ob man bereit und fähig ist, seine Identität nach Bedarf auszutauschen und seine Haltung gemäß der Nachfrage zu wechseln. Für die Bildung dieser Tugenden aber ist weder das Buch der Bücher noch das Buch zu gebrauchen.

Der Ort. Das Jahrhundert

Ein weiteres Jahrhundert geht zu Ende, dem der Mensch sein Sigel aufdrückte, wie in den letzten 40 Jahrhunderten. Eine spätere Zeit und unsere fernen, ungeborenen Nachfahren werden uns treffender charakterisieren, als wir es heute können.

Unser Versuch, dem dahingehenden Jahrhundert einen Platz zu geben, der es kennzeichnen kann, ist davon geprägt, daß wir selbst Kinder dieses Jahrhunderts sind, von ihm erzogen, in seine Hoffnungen, Irrtümer und Verbrechen verstrickt, und er wird nicht von Bestand sein.

Zwei Weltkriege wären als Ort des Jahrhunderts zu nennen und unzählbare größere und kleinere militärische Auseinandersetzungen, bei denen Millionen ihr Leben ließen und wir unsere Umwelt irreparabel schädigten. Zu nennen wären die Trecks der Flüchtlinge, Camps mit Verhungernden, deren Sterben wir nicht verhindern, aber inzwischen weltweit live ausstrahlen können. Der Abwurf der Atombombe hat das Jahrhundert geprägt, die Vernichtung von Hiroshima und Nagasaki, aber auch die erste Zündung dieser Bombe in der Alamos-Wüste, bei der die daran Beteiligten befürchteten, die Explosion der Bombe könnte ein Leck in die Lufthülle der Erde reißen, so daß die Atmosphäre ins Weltall entweicht oder in der Homosphäre eine Dissoziation von Sauerstoff und Stickstoff auftritt, die Leben auf diesem Planeten auslöscht. Der Tag der Zündung der ersten Atombombe hätte das 20. Jahrhundert bereits nach vierzig Jahren für den Menschen enden lassen können.

Die in diesem Jahrhundert begonnene Bevölkerungsexplosion könnte ich nennen, deren Ausmaß, Auswirkungen und globalen Folgen noch heute nicht vollständig bekannt sind.

Unser Jahrhundert ist charakterisiert von der sich abzeichnenden Verknappung der natürlichen Ressourcen, die künftig die erste Welt noch stärker und existentiell von der dritten trennen wird und die nächsten Kriege ankündigt: die Verteilungskämpfe um das lebensnotwendige Wasser.

Eine freundlichere Zuordnung des Jahrhunderts könnte mit Namen wie Picasso oder Einstein erfolgen, die die Phantasie, Kreativität und Genialität des Menschen ausweisen. Oder eine Garage in den USA könnte beispielhaft genannt werden, in der junge Leute eine 300jährige Erfindung technisch derart entwickelten, daß der Computer zum Alltagsartikel wurde, der sich rasant über die ganze Welt ausbreitete und unser Leben so eindrücklich veränderte wie zum Ende des letzten Jahrhunderts die Erfindung des Autos.

Der Platz aber, den ich diesem Jahrhundert zuweisen muß, heißt Auschwitz. Dieser Ort steht für einen Massen- und Völkermord mit industriellen Methoden. Hier wurde die alte, gewöhnliche Einteilung der Welt – in Kolonisatoren und Sklaven, in eine erste und dritte Welt – bis zum Ende dieses barbarischen Systems gedacht und mörderisch ausgeführt. Mitbürger, die meine Landsleute waren, ernannten sich zu Herrenmenschen und entschieden, daß es ein unwertes menschliches Leben in ihrer Welt gäbe. Und vernichteten es.

Auschwitz ist der Platz des Jahrhunderts auch deswegen, weil sich die Welt in einer bisher nicht gekannten Einigkeit gegen diese Mörder erhob und unter großen Opfern die faschistische Gewaltherrschaft beendete.

Und Auschwitz ist zu nennen, weil die Rote Armee dort

diese Todesmaschinerie zerschlug, die Armee jenes Landes, das die größten Verluste in diesem Befreiungskrieg hinzunehmen hatte. Und weil in der Nachhut dieser ruhmreichen Armee und als Ergebnis der Errettung der Welt vor dem Faschismus eine stalinistische Diktatur in halb Europa errichtet wurde, die die zweite Hälfte des Jahrhunderts prägte. Die Ermordeten von Auschwitz wurden befreit, um Platz zu schaffen für andere Leichen.

Der Ort des vergehenden Jahrhunderts, Auschwitz, läßt uns wenig Hoffnung für das kommende.

Quellenhinweise

Sprache und Rhythmus: veröffentlicht im Programmheft zur Aufführung von *Die wahre Geschichte des Ah Q* am Düsseldorfer Schauspielhaus, 1985

Worüber man nicht reden kann, davon kann die Kunst ein Lied singen. Zu einem Satz von Anna Seghers: Vorlesung im De Balie Amsterdam, gehalten am 28. Oktober 1985

Der Apfelwein der Madame de Guermantes. Betrachtungen über Poetik-Vorlesungen: Vorlesung an der Karl-Marx-Universität Leipzig am 31. Oktober 1989

Leserpost oder Ein Buch mit sieben Siegeln: veröffentlicht in *Christa Wolf. Ein Arbeitsbuch.* Studien – Dokumente – Bibliographie, herausgegeben von Angela Drescher, Berlin 1989

Maelzel's Chess Player Goes To Hollywood. Das Verschwinden des künstlerischen Produzenten im Zeitalter der technischen Reproduzierbarkeit: Brief an Philip McKnight, Lexington, Kentucky, USA, März 1986; überarbeitet

Von den unabdingbaren Voraussetzungen beim Kleist-Lesen. Rede zur Eröffnung der 8. Kleist-Festtage (Frankfurter Kleist-Kolloquium) im Kleist-Theater in Frankfurt an der Oder am 16. Oktober 1998

Ich hielte gern Friede und Ruhe, aber der Narr will nicht. Über Politik und Intellektuelle: veröffentlicht am 8. März 1996 in der Wochenzeitung *Freitag*

Die Zensur ist überlebt, nutzlos, paradox, menschenfeindlich, volksfeindlich, ungesetzlich und strafbar: Diskussionsgrundlage für die Arbeitsgruppe IV »Literatur und Wirkung« auf dem X. Schriftstellerkongreß der DDR vom 24. bis 26. November 1987 in Berlin, veröffentlicht in *X. Schriftstellerkongreß der DDR*, Berlin 1988

Die Zeit, die nicht vergehen kann oder Das Dilemma des Chronisten. Gedanken zum Historikerstreit anläßlich zweier deutscher vierzigster Jahrestage: Vortrag an der Folkwang-Hochschule Essen am 29. Mai 1989; überarbeitet

Die fünfte Grundrechenart: Rede auf der Tagung des Bezirksverbandes Berlin des Schriftstellerverbandes der DDR, Berlin am 14. September 1989, abgedruckt in *Die Zeit*, 6. Oktober 1989
Öffentliche Erklärung: erstmals vorgetragen bei einer Lesung im Berliner Ensemble am 15. Oktober 1989
Zwei Sätze über Wanderschaft und Exil: Rede zur Eröffnung der Messe für Exilliteratur am 28. September 2000 in Berlin
Prägungen: Rede zur Eröffnung der Frankfurter Buchmesse 1994
Der Ort. Das Jahrhundert: wurde für die französische Zeitschrift *Page* geschrieben, November 1999

Bibliothek Suhrkamp

Verzeichnis der letzten Nummern

1142 Hermann Hesse, Musik
1143 Paul Celan, Lichtzwang
1144 Isabel Allende, Geschenk für eine Braut
1147 Giorgos Seferis, Sechs Nächte auf der Akropolis
1149 Max Dauthendey, Die acht Gesichter am Biwasee
1150 Julio Cortázar, Alle lieben Glenda
1154 Juan Benet, Der Turmbau zu Babel
1155 Bertolt Brecht, Die Dreigroschenoper
1156 Józef Wittlin, Mein Lemberg
1157 Bohumil Hrabal, Reise nach Sondervorschrift
1158 Tankred Dorst, Fernando Krapp hat mir diesen Brief geschrieben
1159 Mori Ōgai, Die Tänzerin
1160 Hans Jonas, Gedanken über Gott
1161 Bertolt Brecht, Gedichte über die Liebe
1163 Samuel Beckett, Der Ausgestoßene
1165 Yasunari Kawabata, Die schlafenden Schönen
1168 Alberto Savinio, Kindheit des Nivasio Dolcemare
1169 Alain Robbe-Grillet, Die blaue Villa in Hongkong
1172 Paul Valéry, Windstriche
1173 Peter Handke, Die Stunde da wir nichts voneinander wußten
1174 Emmanuel Bove, Die Falle
1175 Juan Carlos Onetti, Abschiede
1176 Elisabeth Langgässer, Das Labyrinth
1179 Peter Bichsel, Zur Stadt Paris
1180 Zbigniew Herbert, Der Tulpen bitterer Duft
1181 Martin Walser, Ohne einander
1182 Jean Paulhan, Der beflissene Soldat
1185 Marcel Proust, Eine Liebe Swanns
1187 Juan Goytisolo, Rückforderung des Conde don Julián
1188 Adolfo Bioy Casares, Abenteuer eines Fotografen
1189 Cees Nooteboom, Der Buddha hinter dem Bretterzaun
1191 Paul Valéry, Monsieur Teste
1192 Harry Mulisch, Das steinerne Brautbett
1193 John Cage, Silence
1194 Antonia S. Byatt, Zucker
1197 Claude Lévi-Strauss, Mythos und Bedeutung
1198 Tschingis Aitmatow, Der weiße Dampfer
1199 Gertrud Kolmar, Susanna
1200 Octavio Paz, Die doppelte Flamme, Liebe und Erotik
1202 Gesualdo Bufalino, Klare Verhältnisse
1203 Friedrich Dürrenmatt, Die Ehe des Herrn Mississippi
1204 Alexej Remisow, Die Geräusche der Stadt
1205 Ambrose Bierce, Mein Lieblingsmord
1206 Amos Oz, Herr Levi
1208 Wolfgang Koeppen, Ich bin gern in Venedig warum

1209 Hugo Claus, Jakobs Verlangen
1211 Samuel Beckett, Das letzte Band/Krapp's Last Tape/La dernière bande
1213 Louis Aragon, Der Pariser Bauer
1214 Michel Foucault, Die Hoffräulein
1215 Gertrude Stein, Zarte Knöpfe/Tender Buttons
1216 Hans Mayer, Reden über Deutschland
1217 Alvaro Cunqueiro, Die Chroniken des Kantors
1218 Inger Christensen, Das gemalte Zimmer
1219 Peter Weiss, Das Gespräch der drei Gehenden
1221 Sylvia Plath, Die Glasglocke
1222 Martin Walser, Selbstbewußtsein und Ironie
1223 Cees Nooteboom, Das Gesicht des Auges/Het gezicht van het oog
1224 Samuel Beckett, Endspiel/Fin de partie/Endgame
1225 Bernard Shaw, Die wundersame Rache
1226 Else Lasker-Schüler, Der Prinz von Theben
1227 Cesare Pavese, Die einsamen Frauen
1228 Zbigniew Herbert, Stilleben mit Kandare
1230 Peter Handke, Phantasien der Wiederholung
1231 John Updike, Der weite Weg zu zweit
1232 Georges Simenon, Der Mörder
1233 Jürgen Habermas, Vom sinnlichen Eindruck zum symbolischen Ausdruck
1234 Clarice Lispector, Wo warst du in der Nacht
1235 Joseph Conrad, Falk
1237 Virginia Woolf, Die Wellen
1238 Cesare Pavese, Der schöne Sommer
1239 Franz Kafka, Betrachtung
1240 Lawrence Durrell, Das Lächeln des Tao
1241 Bohumil Hrabal, Ein Heft ungeteilter Aufmerksamkeit
1242 Erhart Kästner, Die Lerchenschule
1243 Eduardo Mendoza, Das Jahr der Sintflut
1244 Karl Kraus, Die Sprache
1245 Annette Kolb, Daphne Herbst
1246 Giuseppe Tomasi di Lampedusa, Die Sirene
1247 Marieluise Fleißer, Die List
1248 Sadeq Hedayat, Die blinde Eule
1250 Paul Celan, Schneepart
1251 György Dalos, Die Beschneidung
1252 René Depestre, Hadriana in all meinen Träumen
1253 Jurek Becker, Bronsteins Kinder
1255 Cesare Pavese, Der Teufel auf den Hügeln
1256 Hans Magnus Enzensberger, Kiosk
1257 Paul Bowles, Zu fern der Heimat
1258 Adolfo Bioy Casares, Ein schwankender Champion
1259 Anna Maria Jokl, Essenzen
1261 Giuseppe Ungaretti, Das verheißene Land/La terra promessa
1262 Juan Carlos Onetti, Magda
1263 Hans Blumenberg, Schiffbruch mit Zuschauer
1264 Hermann Lenz, Die Augen eines Dieners
1265 Hans Erich Nossack, Um es kurz zu machen
1266 Joseph Brodsky, Haltestelle in der Wüste

1267 Mário de Sá-Carneiro, Lúcios Bekenntnis
1268 Gerhard Meier, Land der Winde
1269 Gershom Scholem, Judaica 6
1270 Rafael Alberti, Der verlorene Hain
1271 Bertolt Brecht, Furcht und Elend des III. Reiches
1272 Thomas Wolfe, Der verlorene Knabe
1273 E. M. Cioran, Leidenschaftlicher Leitfaden
1274 Bertolt Brecht, Flüchtlingsgespräche
1275 Else Lasker-Schüler, In Theben geboren
1276 Samuel Joseph Agnon, Buch der Taten
1277 Volker Braun, Die unvollendete Geschichte und ihr Ende
1278 Jan Jacob Slauerhoff, Christus in Guadalajara
1279 Yasushi Inoue, Shirobamba
1280 Gertrud von le Fort, Das fremde Kind
1281 György Konrád, Heimkehr
1282 Peter Bichsel, Der Busant
1284 Carlos Fuentes, Der alte Gringo
1285 Peter Rühmkorf, Lethe mit Schuß
1286 Cees Nooteboom, Der Ritter ist gestorben
1287 Christopher Isherwood, Praterveilchen
1288 Ernst Weiß, Jarmila
1289 Vladimir Nabokov, Pnin
1291 Rainer Maria Rilke, Mitten im Lesen schreib ich Dir
1292 Robert Graves, Der Schrei
1293 S.J. Agnon, Liebe und Trennung
1294 Louis Begley, Lügen in Zeiten des Krieges
1295 Inger Christensen, Das Schmetterlingstal
1296 Rosario Castellanos, Die Tugend der Frauen von Comitán
1297 Marcel Proust, Freuden und Tage
1298 Weniamin Kawerin, Vor dem Spiegel
1299 Juan Carlos Onetti, Wenn es nicht mehr wichtig ist
1300 Peter Handke, Drei Versuche
1301 Hans Henny Jahnn, 13 nicht geheure Geschichten
1302 Claude Simon, Die Akazie
1303 Hans Blumenberg, Begriffe in Geschichten
1304 Friederike Mayröcker, Benachbarte Metalle
1305 S.Yishar, Ein arabisches Dorf
1306 Paul Valéry, Leonardo da Vinci
1307 Ernst Weiß, Der Augenzeuge
1308 Octavio Paz, Im Lichte Indiens
1309 Gertrud Kolmar, Welten
1310 Alberto Savinio, Tragödie der Kindheit
1311 Zbigniew Herbert, Opfer der Könige
1312 Edoardo Sanguineti, Capriccio italiano
1314 Augusto Roa Bastos, Die Nacht des Admirals
1315 Frank Wedekind, Lulu – Die Büchse der Pandora
1316 Jorge Ibargüengoitia, Abendstunden in der Provinz
1317 Marina Zwetajewa, Ein Abend nicht von dieser Welt
1318 Hans Henny Jahnn, Die Nacht aus Blei
1319 Julio Cortázar, Andrés Favas Tagebuch

1320 Thomas Bernhard, Das Kalkwerk
1321 Marcel Proust, Combray
1322 Ludwig Wittgenstein, Tractatus logico-philosophicus
1323 Hermann Lenz, Spiegelhütte
1325 Sigrid Undset, Das glückliche Alter
1326 Botho Strauß, Gedankenfluchten
1328 Paul Nizon, Untertauchen
1329 Álvaro Mutis, Die letzte Fahrt des Tramp Steamer
1330 Sherwood Anderson, Winesburg, Ohio
1331 Derrida / Montaigne, Über die Freundschaft
1332 Günter Grass, Katz und Maus
1333 Gert Ledig, Die Stalinorgel
1334 Yasushi Inoue, Schwarze Flut
1335 Heiner Müller, Ende der Handschrift
1336 Hans Blumenberg, Löwen
1337 Konstantinos Kavafis, Gefärbtes Glas
1338 Wolfgang Koeppen, Die Jawang-Gesellschaft
1339 Jorge Semprun, Die Ohnmacht
1340 Marina Zwetajewa, Versuch, eifersüchtig zu sein
1341 Hermann Hesse, Der Zauberer
1342 Hermann Broch, Hofmannsthal und seine Zeit
1343 Bertolt Brecht, Kalendergeschichten
1344 Odysseas Elytis, Oxópetra / Westlich der Trauer
1345 Hermann Hesse, Peter Camenzind
1346 Franz Kafka, Strafen
1347 Amos Oz, Sumchi
1348 Stefan Zweig, Schachnovelle
1349 Ivo Andrić, Der verdammte Hof
1350 Rudolf Borchardts Leben von ihm selbst erzählt
1351 André Breton, Nadja
1352 Ted Hughes, Etwas muß bleiben
1353 Arno Schmidt, Das steinerne Herz
1354 José María Arguedas, Diamanten und Feuersteine
1355 Thomas Brasch, Vor den Vätern sterben die Söhne
1356 Federico García Lorca, Zigeunerromanzen
1357 Imre Kertész, Der Spurensucher
1358 István Örkény, Minutennovellen
1359 Josef Winkler, Natura morta
1360 Giorgio Agamben, Idee der Prosa
1361 Alfredo Bryce Echenique, Ein Frosch in der Wüste
1363 Ted Hughes, Birthday Letters
1364 Ralf Rothmann, Stier
1365 Arno Schmidt, Seelandschaft mit Pocahontas
1366 Bertolt Brecht, Geschichten vom Herrn Keuner
1367 M. Blecher, Aus der unmittelbaren Unwirklichkeit
1368 Joseph Conrad, Ein Lächeln des Glücks
1369 Christoph Hein, Der Ort. Das Jahrhundert
1370 Gertrud Kolmar, Die jüdische Mutter
1371 Hermann Lenz, Vielleicht lebst du weiter im Stein
1372 Ludwig Wittgenstein, Philosophische Untersuchungen

Bibliothek Suhrkamp

Alphabetisches Verzeichnis

Bibliothek Suhrkamp
Neuerscheinungen
Herbst 2003

M. Blecher
Aus der unmittelbaren Unwirklichkeit
Aus dem Rumänischen von Ernest Wichner
Nachwort von Herta Müller
BS 1367. 154 Seiten
ISBN 3-518-22367-4

Joseph Conrad
Ein Lächeln des Glücks
Hafengeschichte
Aus dem Englischen von Ernst Wagner
Nachwort von Brigitte Kronauer
BS 1368. 124 Seiten
ISBN 3-518-22368-2

Christoph Hein
Der Ort. Das Jahrhundert
Essais
BS 1369. 210 Seiten
ISBN 3-518-22369-0

Gertrud Kolmar
Die jüdische Mutter
Roman
Nachwort von Esther Dischereit
BS 1370. 215 Seiten
ISBN 3-518-22370-4

Hermann Lenz
Vielleicht lebst du weiter im Stein
Gedichte
Auswahl und Nachwort von Michael Krüger
BS 1371. 160 Seiten
ISBN 3-518-22371-2

Ludwig Wittgenstein
Philosophische Untersuchungen
Nachwort von Joachim Schulte
BS 1372. 300 Seiten
ISBN 3-518-22372-0

Wichtige Nachauflagen

Ludwig Wittgenstein
Logisch-philosophische Abhandlung
Tractatus logico-philosophicus
Nachwort von Joachim Schulte
BS 1322. 128 Seiten
ISBN 3-518-22322-4

Gershom Scholem
Judaica 1-6
1288 Seiten
ISBN 3-518-06709-5

Judaica 1
BS 106. 236 Seiten
ISBN 3-518-01106-5
Judaica 2
BS 263. 229 Seiten
ISBN 3-518-01263-0
Judaica 3
Studien zur jüdischen Mystik
BS 333. 272 Seiten
ISBN 3-518-01333-5
Judaica 4
BS 831. 287 Seiten
ISBN 3-518-01831-0
Judaica 5
Erlösung durch Sünde
BS 1111. 154 Seiten
ISBN 3-518-22111-6
Judaica 6
Die Wissenschaft vom Judentum
BS 1269. 110 Seiten
ISBN 3-518-22269-4

»Die Ermordeten von Auschwitz wurden befreit, um Platz zu schaffen für andere Leichen. Der Ort des vergehenden Jahrhunderts, Auschwitz, läßt uns wenig Hoffnung für das kommende.«

Christoph Heins schriftstellerische Arbeit ist seit ihren Anfängen von Essais begleitet, in denen er über die Voraussetzungen seines Schreibens nachdenkt. Wie in seiner Prosa und in den Theaterstücken erweist sich der Autor auch hier als ein wacher und genauer Chronist unserer Zeit.

Der Band versammelt Essais aus zwanzig Jahren, deren zentraler Bezugspunkt *der* Ort des vergangenen Jahrhunderts ist: Auschwitz. Darunter befinden sich so berühmte wie »Die fünfte Grundrechenart« über Stalins Verbrechen und die weißen Flecken der Geschichtsschreibung sowie neue, in Buchform bislang ungedruckte Texte aus den Jahren nach dem Mauerfall wie der Text über »Wanderschaft und Exil«, in dem Hein über Ausländerfeindlichkeit und Antisemitismus nachdenkt bzw. über das Verhältnis zu sich selbst und zum jeweils als fremd Empfundenen.

Essais aus zwanzig Jahren

Hein, Der Ort. Das Jahrhundert

BS 1369

ISBN 3-518-22369-0